诺奖作家
给孩子的阅读课

亲近自然

[英]吉卜林等 著　戴贤丰等 译

天地出版社　TIANDI PRESS

图书在版编目（CIP）数据

亲近自然/（英）吉卜林等著；戴贤丰等译. — 成都：天地出版社，2024.3
（诺奖作家给孩子的阅读课）
ISBN 978-7-5455-8218-5

Ⅰ.①亲… Ⅱ.①吉…②戴… Ⅲ.①阅读课—中小学—教学参考资料 Ⅳ.①G634.333

中国国家版本馆CIP数据核字（2023）第257052号

NUOJIANG ZUOJIA GEI HAIZI DE YUEDU KE · QINJIN ZIRAN

诺奖作家给孩子的阅读课·亲近自然

出 品 人	杨 政
作　　者	［英］吉卜林等
译　　者	戴贤丰等
责任编辑	袁静梅
责任校对	梁续红
插　　画	刘 洋
封面设计	纸深文化
内文排版	谢 彬
责任印制	王学锋

出版发行	天地出版社
	（成都市锦江区三色路238号 邮政编码：610023）
	（北京市方庄芳群园3区3号 邮政编码：100078）
网　　址	http://www.tiandiph.com
电子邮箱	tianditg@163.com
经　　销	新华文轩出版传媒股份有限公司

印　　刷	迪明易墨（天津）印刷有限公司
版　　次	2024年3月第1版
印　　次	2024年3月第1次印刷
开　　本	710mm×1000mm　1/16
印　　张	11.25
字　　数	135千字
定　　价	29.00元
书　　号	ISBN 978-7-5455-8218-5

版权所有◆违者必究

咨询电话：（028）86361282（总编室）
购书热线：（010）67693207（营销中心）

如有印装错误，请与本社联系调换。

编者的话

　　2012年，我国作家莫言先生获得了诺贝尔文学奖，一时间激起了国内读者阅读诺奖作家作品的热潮。诺贝尔文学奖无疑是世界最具影响力的文学奖项之一，代表着文学创作的卓越成就。一百多年来评选出了上百位得主，他们的作品在思想深度、精神内涵和语言艺术等方面均具有卓越品质。

　　为了让孩子能够接触到高质量的文学作品，以培养他们的文学素养，提高他们的欣赏品位和阅读品鉴能力，我们想到了为他们选编一套诺奖作家的作品集。

　　最初，我们很担心诺贝尔文学奖得主的作品由于思想过于深邃而让人感到艰深晦涩，但查阅了上百位诺奖得主的作品后，我们惊喜地发现，大部分诺奖作家都曾写过生趣盎然、简单易懂的作品，即便是孩子，也可以轻松理解。

　　于是，我们参考了教育部推荐阅读的文学篇目，精选出这套既适合孩子阅读又富有教育启发意义的丛书——诺奖作家给孩子的阅读课。

　　丛书共六册，分六个主题，涉及孩子成长过程中的六大重要主题。

　　心智成长：包括《觉醒》（高尔斯华绥）、《勇敢的船长》（吉卜林）和《论创造》（罗曼·罗兰）等作品，帮助孩子培养独立、自信、坚韧不拔等优秀品质，让他们内心充盈起来，能够勇敢面对成长过程中的各种挑战。

生命教育：包括《在异乡》（海明威）、《鹰巢》（比昂逊）和《小银和我》（希梅内斯）等作品，引导孩子意识到生命的宝贵，理解爱与关怀的重要性，珍惜生命，关爱他人，培养孩子积极的人生观。

人生智慧：包括《童年逸事》（黑塞）、《山里人家的圣诞节》（汉姆生）和《安妮与奶牛》（延森）等作品，带领孩子体验世间百态，探索生活的多样性和人生的丰富性，激发孩子对生活的热爱与思考，从而塑造积极的人生态度。

情感启蒙：包括《破裂》（泰戈尔）、《塔楼里的王子》（法朗士）和《暑假作业》（川端康成）等作品，引导孩子认识情感，理解他人的感受，学会表达自己的情感，并与他人建立良好的人际关系。

品格修养：包括《品质》（高尔斯华绥）、《皇帝和小女孩》（萧伯纳）和《艰难的时刻》（托马斯·曼）等作品，着重培养孩子的道德观念与行为准则，以及正直、善良、宽容和有责任感等美好品格，引导他们成为具有良好品格修养的人。

亲近自然：包括《白海豹》（吉卜林）、《一只狗的遗嘱》（尤金·奥尼尔）和《小野猪》（黛莱达）等作品，让孩子认识到大自然中万事万物的美妙和脆弱，培养他们关爱大自然、保护野生动植物的意识。

为了使孩子能够更好地理解和接受这些作品，我们按照阅读的难易程度进行了编排，让他们能够循序渐进地熟悉这些名篇佳作，逐渐爱上阅读。同时，我们为每一篇作品都增加了旁批，包括生词、知识点注释与文段语句赏析，让孩子在阅读的过程中解决障碍，积累知识，拓宽眼界，学会思考。

此外，我们还精心制作了每位作家的档案卡，涵盖作家的生平经历、获奖理由以及适合作为作文素材的佳句名言等。这些辅助内容可以帮助孩子更好地了解作家的生平和创作风格，加深对作品的把握与理解。

我们希望，通过阅读这套书，孩子不仅能感受到文学之美，还能提升阅读理解能力、语言表达能力；不仅能了解到关于生命、生活、自然、社会的有用知识，还能在品格、情感等方面获得成长。

衷心期待这套书能为孩子带来愉快的阅读体验，成为他们人生道路上的良师益友。

目 录

蒲 宁

新　路	4
山　隘	20
长夜与灰白苍茫的远方	26
虽没有太阳，但那些池塘仍澄澈透明	28
清　溪	30
傍　晚	31

黛莱达

小野猪	34

吉卜林

白海豹	48
莫格利的兄弟们	79

福克纳

熊　　　　　　　　　　　　　　　116

尤金·奥尼尔

一只狗的遗嘱　　　　　　　　　142

法朗士

里　凯　　　　　　　　　　　　148

艾略特

猫咪摩根自我介绍　　　　　　　158
跟猫打招呼　　　　　　　　　　160

梅特林克

蜜蜂的愤怒　　　　　　　　　　166

亲近自然

○ 作家档案

中 文 名：**蒲宁**

外 文 名：Иван Бунин

国　　籍：俄国

出生日期：1870年10月10日

逝世日期：1953年11月8日

　　蒲宁，诗人、小说家。破落贵族家庭出身。因为家庭贫困，他中学毕业就外出谋生，先后当过校对员、统计员、图书管理员，还当过报社的采访员。艰苦的人生经历，为他的小说创作打下了坚实的基础。在圣彼得堡的时候，他和两位大文豪契诃夫、高尔基结下了深厚的友谊。

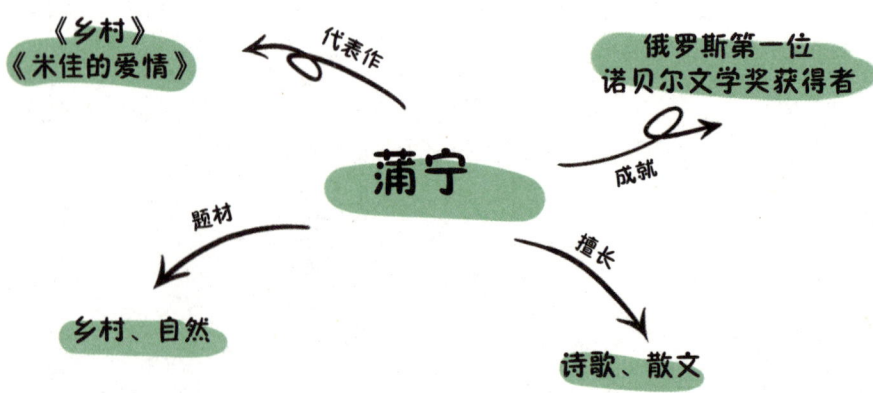

1933 年诺贝尔文学奖

获奖理由:
　　由于他严谨的艺术才能,使俄罗斯古典传统在散文中得到继承。

创作风格

　　蒲宁喜欢赞美自然,对动物的观察细致入微。因此,他的小说注重抒情性,在情节描写上比较淡化,较少复杂的情节结构。他把小说写得富有诗歌韵律,很擅长用诗歌中的排比、倒装、对偶、平行结构等来写作,节奏舒缓,适合大声朗读。他的作品充满人生的哲理,对贫苦农民寄予了很大的同情。

作文素材

　　我们总以为幸福只能追忆,其实幸福无处不在,也许,它就是屋外秋色满盈的花园,那涌入窗内的空气。《傍晚》

　　我在每棵树下游荡,抬头凝视着千姿百态的树枝和树干,观察着每片树叶,想要透过这些去分辨清楚每一棵树,想要通过这些去记住它们。《阿尔谢尼耶夫的一生》

新 路

崔舒琪/译

一

"您真不该离开!"深夜,朋友们来火车站为我送行时说道,"别人都是铆足了劲往圣彼得堡跑,您倒好,去那边能看见什么新鲜东西不成?那儿可全是森林和雪堆。还有那条新修的铁路,就没有哪天不出事故!"

"愿上帝保佑!"我回答道。

送行的人都无奈地耸了耸肩。离别前最难堪的时刻大抵如此:该说的话已经说尽了,彼此的微笑也渐渐变得惺惺作态,但时间的流逝却慢得出奇,丝毫不遂人愿。

第二遍铃声终于响起。送行的人挥舞着帽子离开,还不忘转过身鞠躬致意。眼下的道别倒是有些真心实意了。

"准备完毕!"有人在蒸汽机车边上喊了一句,于是车头和车厢之间相连的缓冲器沉重地撞击起来。可以听到热腾腾的蒸汽在机车内克制地发出

- 位于俄罗斯西北部,被誉为俄罗斯的"北方首都"。

- 开头即描绘出一条经常出事故的铁路,为下文埋下伏笔。

- 用来牵引车厢在铁路上行驶的动力车,又称火车头。

蒲 宁

"嘶嘶"的响声，车头偶尔喷出几团煤烟。站台渐渐空了，只留下一位军官和一位夫人。那位军官身材高大，仪表堂堂，一张椭圆形的脸上蓄着短短的连鬓胡子，显出一副傲慢又严肃的神情。那位夫人身穿丧服，裹着一件女士斗篷，一双乌黑的泪眼哀愁地望着军官。随后，一位身材魁梧、大腹便便的地主匆匆赶了过来，迈着身形肥壮的人所特有的那种笨拙步伐。他留着红褐色的胡髭，灰色的狩猎服外面套了件鹿皮袄，还带了一把装在套子里的猎枪。他身后站着一位身材矮小敦实，但肩膀异常宽阔的将军。过了一会儿，站长大步流星地从站长室里走了出来。他刚刚不知跟什么人吵过一场恶架，仍然余怒未消，因此一边毫不客气地下令"打第三遍铃"，一边把手里的烟蒂抛得远远儿的。那烟蒂在站台上蹦跳了好长一会儿，红色的火星四处迸溅，随风飘洒。刹那间，整个站台都变得闹哄哄的：响亮的火车铃声，列车长尖厉的哨声，再加上蒸汽机车强劲有力的轰鸣……列车缓缓启程。

军官一边行礼致意，一边沿着站台行走。他的步伐越迈越快，尽管如此，却越发地追不上车厢了；机车继续从气缸里喷出滚烫的蒸汽，那架势比之前更猛……站台上最后一盏灯一闪而过，军官就像是被谁拽了一下似的不见了，随后整趟列车都驶

形容跨着大步，走得飞快。

5

入了黑暗。夜色猛然铺展开来，当中散落着郊外的成千上万盏灯火。列车坚定地在暗夜中疾驰，穿过无数的货仓和空车厢，同时发出颤抖的轰鸣，仿佛是在对谁发出警告。车窗的明亮映像越来越快地掠过那些延伸至各处的铁轨和枕木，随后又浮光掠影般地飞驰在皑皑白雪上。车厢里很快变得温暖而舒适，乘客们把随身携带的物品胡乱地堆在厢座上，准备上床睡觉。这时来了一位头发花白的老列车员，他神色严肃但彬彬有礼，戴着夹鼻眼镜，不紧不慢地在这狭窄的通道里穿行，弯腰凑近助手拎着的提灯，一丝不苟地登记着车票。

离开市区后，就会觉得旷野中的空气跟城里大不相同。就像每次乘火车时一样，我站在车厢间的过道里，敞开侧边的门，迎着扑面而来的风，聚精会神地向黑暗的雪原望去，就这样一直到深夜。在急速的飞驰中，车厢震动作响，风卷着雪尘刮在我的脸上。过道里的那盏灯的灯光摇晃着，不停跃动，光与影交织在一起。我在过道两头的车门中间左摇右晃地徘徊，这儿极为寒冷，地上已经落了一层雪……从前远行时，我总忍不住想要跟着火车隆隆行进的节奏高歌一曲，或是放声大喊。此刻的我却没了这份心情。山岗和灌木丛模糊的影子飘浮着，急速掠过，铸铁锻造的小桥在车轮的碾压下，

✏ 坚定、颤抖、警告等拟人化词语的使用，逼真地刻画出列车奔驰的形象和气势。

✏ 短短几句，就将雪夜行车的场景描绘出来，使读者身临其境。

蒲 宁

发出低沉的呻吟，远处稍稍被染白了的旷野中，一座座荒僻的村落闪着若隐若现的灯火。我在风中眯起眼睛，忧郁地望着阴沉昏暗的远方——留在彼处的，正是故乡那已被遗忘的生活，只剩苍白冷寂的灯火不停地明灭闪烁……

> 好像消失，又好像出现。形容似有若无看不真切。

我返回车厢，在半明半暗中，看到了人们卧眠的身影。到处都放着脱下的皮大衣，厢座的靠背又都抬了起来，因此车厢内显得格外拥挤。空中飘着一股烟草和橙子的气味……被寒风吹透了的身体渐渐暖和过来，我一边半眯着眼睛，久久地注视着那件挂在门边的皮草大衣摇来晃去，一边漫无目的地想着一件模模糊糊的事。这些遐思与车厢内摇曳的昏暗朦胧交织在一起，让我在不知不觉间睡着了。最美好的莫过于旅途中的梦境！在半睡半醒之间，我偶尔会感觉到列车停了下来。此时便可以听到窗下响亮的说话声，石砌站台上有人走过的沙沙声，而车厢里满是眠者平稳的呼吸声和鼾声。有个什么东西刺着我的眼睛……那是结了冰的车窗，正在站台灯的照射下，闪出朦朦胧胧的黄色光线，令人不快地点亮了昏暗的车厢。

> 写男主人公昏昏欲睡的状态。

"您知道这是到哪一站了吗？"有人惊慌地问道，声音听起来有些奇怪……

随后，在很远、很远的地方响起了铃声，单调

7

得令人昏昏欲睡。一个个车厢的门都砰地关上了,机车发出一声凄凉的长鸣,让人不由得想起无边的远方和无尽的夜晚。有个什么东西颤动起来,不时推搡着我的腰部;站台上的盏盏明灯发出金属般的光线,照在一扇扇车窗玻璃上,飞速掠过,很快就消失不见了;厢座的弹簧颤得越来越平稳,不停提速的列车也越跑越快,终于又让我陷入了沉睡……

> 指男主人公在半睡半醒中感受到的座位里边的弹簧的颤动。

天亮之前,突然有人轻轻地拍了拍我,告诉我该去换乘了。我惊跳起来,匆忙地收拾好行装,穿过睡意昏沉、灯光暗淡的火车站,向一条长长的站台走去。刚下的雪在站台上积了厚厚一层,旁边停着一辆小小的列车,是由各式各样的车厢杂乱地拼凑而成……这就是那条新路!万籁俱寂,一个个车厢小巧玲珑,白桦木柴燃出的烟气芳香扑鼻,还能闻到那针叶林的清香……真是让人心旷神怡!

带着困倦,我登上了一节有着方形窗户的狭窄车厢。这是个混合着一、二等座的车厢,我一上去立刻又睡熟了。天蒙蒙亮的时候,我感觉自己已经远远地离开了圣彼得堡。从这儿再往前,就是俄国真正的冬日路途。这样的路在俄国不止一条,但圣彼得堡的人早已将它们遗忘……

蒲 宁

二

不知是谁在痛苦地大声咳嗽，把我吵醒了。我睁开眼睛，看到县警察局的一位老警官，他在自己灰色的警服外面套了一件红褐色的浣熊皮大衣。剧烈的咳嗽使他的眼睛瞪得很大，里面噙满了泪水，那张饱经风霜的脸也涨得通红，灰色的胡子蓬乱挓挲起来。他正起劲地抽着一支大得出奇的卷烟，里面装的烟草又呛又烈。每扇窗户几乎被雪遮了个严严实实，这节古老的小车厢里光线本来就非常昏暗，再加上他喷吐出来的烟圈，就更让人看不清了。列车哆哆嗦嗦地走着，吱吱嘎嘎地叫着，好似一辆运货用的四轮马车。

"咳得……"老警官气喘吁吁地说道，"真够厉害的！"他的语气既随意又亲热，仿佛我们是从小一起长大的朋友，"只有稍微抽两口以后，才能觉得松快点儿！"

"所以说，这里离圣彼得堡已经很远了！"我一边这样想着，一边朝窗外看去。哦，那是一片多么洁白、多么干净的雪啊！抬头是毫无生气的白色天穹，低头是无穷无尽的白色原野，上面零零星星地缀着灌木丛和小树。车窗外，架设在电线杆上的管线懒洋洋地上下浮动着，就好像它们厌倦了这

（手、头发、树枝等）张开；伸开。

描写单调而"毫无生气"的白色原野，和"厌倦了"的管线，渲染了一种低落的情绪。

9

样一会儿上升、一会儿下降地随着列车一起向前延伸，而那些电线杆更是不愿意追着管线奔跑。列车在上坡的时候，挣扎着发出轧轧的声浪，在路上不停地颠簸摇晃；下坡的时候则像一个扑出去追赶人的老头。原野白得空茫，白得单调；远处有只鸟儿振翅飞翔；灌木丛和小村落逐渐变得黑漆漆的——这一切都打着圈地被甩在后面了。风没精打采地吹着机车喷出来的煤烟，使它们缠绕、笼罩在灌木丛上，看起来，就好像是那些灌木丛正吐着烟气，在茫茫的雪野上远航……

> 形容机器开动时发出的声音。

> 会让站，指提供多趟列车相互会让的车站。会让站设置在铁路上，主要办理列车的到发和会让，也可以同时办理客运或货运业务。

除了我和那位很快就要在会让站下车的老警官，车厢里只剩一位乘客。那是一个上了年纪的铁路管事，他蓄着一把大胡子，身量不高却长得很结实，背着一个挎肩包，看起来像某个城镇的小店老板。他专心致志地一边装烟卷，一边喝茶，整个早上都可以听到他有滋有味地从茶碟里大口喝热饮的声音。

"够划算的吧？"他说，同时用眼神瞥向旁边的一把铁茶壶，"要是在火车站买茶喝，一小杯就得要你十个戈比！"

> 俄罗斯的辅助货币，100戈比等于1卢布。

我的铺位就在门边，感觉寒气就在我的双腿间打转。我裹住双膝坐在那里，一会儿注视着铁路边新挖出的沟堑，一会儿转头看那些用木头新建的小

蒲　宁

站台和会让站，一会儿又把目光投向点缀着稀疏树林的白色原野。我恍惚觉得，无数树木的枝干正簌簌发颤，渐渐融为一体，整个小树林都在旋转着向前移动：近处的树木颤抖着向后迅速退去，而远处的树木却徐徐地向前行进……随后，我与铁路管事一起喝过茶水，便起身去各个车厢和通道平台上闲逛……看着那些在空中闪闪发光的雪花，我的心情异常愉快：这才是地道的俄国风光！

✎ 长期生活在圣彼得堡的男主人公为自然风景折服而发出赞叹。

　　这条路线上有不少小站台和会让站，但都在周围冬日原野那空旷而辽远的风景中消失了。这条新建的铁路还没能将周边的区域控制住，更不曾把那儿的居民吸引到自己身边来繁衍生息。列车在空荡荡的站台上停靠了一会儿，就又在一片片的小树林中间奔驰起来……这趟车一直在晚点，常常莫名其妙地停在原野上，没有人能说得出原因。大家只好都坐在原地陷入苦闷的等待，听狂风在岿然不动的车厢外悲哀地喧哗，还有桶状的火车头发出哀怨的悲鸣，看它的架势，似乎只要它一得到重新开动的命令，就会猛地把乘客从厢座上甩出去。在列车的颠簸下，我摇摇晃晃地从一节车厢走到另一节车厢，目之所及，到处都是俄国偏远城镇的列车上常见的景象。一等车厢和二等车厢里空空如也，而三等车厢里却满是口袋箱笼和短皮袄，地上杂七杂八

✎ 通过对三等车厢景象的描写，从侧面反映出了俄国偏远城镇人们的生活状况。

地堆着垃圾和瓜子壳。几乎所有乘客都睡着了，他们的睡姿既丑陋又别扭，看起来很不像样。那些没睡的人坐在位子上狠命抽烟，把自己抽得头昏脑涨。刺鼻辛辣又有些微甜的烟雾把闷热的空气染成了青蓝色。有个卖彩票的人也没睡觉，他的年纪很小，一双眼睛滴溜乱转，不怀好意。他招来几个庄稼汉和喝得半醉的工人，让他们试试自己的运气。彩头简陋得可笑：偶尔有人赢到一支只值两个戈比的铅笔，或是用玻璃吹制成的便宜高脚杯。满耳都是噪声，有人在吵架，有人操着方言说话，还有个孩子疯狂地尖叫，混着列车行进时隆隆的撞击声。一位士兵穿着崭新的印花衬衫，系着黑色的领带，高坐在自己的箱笼上，下方是一群睡着的人。他把一条腿搁在对面的椅子上，睁着一双茫然空洞的眼睛，噘着上嘴唇，拉着手风琴用低沉的声音唱着：

"美丽的月亮漂浮在河流之上……"

"前方到站是白森林站，列车停靠八分钟。"列车员喊道。这是一个身材高大魁梧的男人，身穿沉重的长制服。在穿过我们的车厢时，他使足了力气狠狠地摔上一扇扇车厢门，就像是要把它们永远钉死。

这就意味着，再往前就是森林了。到白森林站后，再过两站就可以到达县城，而这片针叶树、阔

> 森林出现，男主人公的视角从列车转向森林，以及新路与森林的关系。

蒲 宁

叶树相互夹杂混合的森林就是因县城得名的。大约过了一个小时到一个半小时，远远望去，森林后面露出了修道院的圆顶和十字架装饰。正是这座修道院使县城远近闻名。县城周围的森林被无情地乱砍滥伐，这条新路就像一位征服者，决定无论如何也要把森林荡平，可正是这座密林把生命珍藏在远古的静谧之中。列车穿过县城前方坐落于林间河流之上的桥，发出长长的鸣笛声，像是在向周边的居民通报自己的消息：它正不可阻挡地向前行进。

在好几分钟内，我们周围仿佛沸腾了一般，充满混乱和奔忙。在砖红色的乡村车站后面，可以看到一些三套马车，车上的小铃铛泠泠(líng líng)作响，马车夫争先恐后地叫喊着招揽生意。虽正值隆冬，天空灰蒙蒙的，但天气很暖和，简直像是送冬节提前来临。一些年轻男女在站台上走来走去，其中最显眼的是一位电报员。他是当地的美男子，衣着很是讲究，戴着茶色的夹鼻眼镜和高加索的毛皮高帽。一扇扇车厢门不停地开开关关，从外面扑来阵阵寒气，卷着冰雪和松林的气息。体格匀称的仆役身上只穿着一件燕尾服，连帽子也不戴，手里端着一些炸馅儿饼走进车厢。他身上那件浆洗得发硬的衬衫和雪白的领带映衬着四周的森林，显得格格不入，很是奇怪。有几位女子聚在我们的车厢，似乎是在

✏️ 点题，写出新路对森林的破坏。

📖 形容声音清越。

📖 送冬节，又称谢肉节，是俄罗斯庆祝冬天结束迎接春天来临的传统节日。

13

给什么人送行，她们一边互递眼神，一边窃窃私语。一位商人抱着枕头直往自己的位子上闯，沿路推挤着遇见的所有人。<u>一位个头极高、身材干瘦的神父上气不接下气地跑着，把海狸皮帽子从满是热汗的额头推到后脑勺。他匆忙跑进车厢又跑出去，低声下气地请求一位搬运工人给自己帮忙。</u>他把无数的包袱和蒲包堆放在厢座上，或是塞进座位下面，同时为自己打扰了大家而不住口地赔礼道歉。他强堆出一张笑脸，嘟囔着说：

"嗯，那就这么办！把这个包放到这边……这一个可以塞到椅子下面……我没妨碍到您吧？唔，那太好了，万分感谢您！"

在人群中，一位跛腿的小商贩提着一篮子柠檬，一瘸一拐地走着叫卖，一群面色凄苦的修女，悲惨兮兮地为修道院求着布施……列车被拉着向后退了一点，又停下了。列车员花了好长时间争吵，把信号绳从车头沿着车身向后拉，让信号绳敲打着车窗发出"噼啪"的声响。最后，列车终于又开动了。

窗外又开始闪过披雪的白桦、松树、原野和荒村，在这一切之上，笼罩着灰沉沉的天空……

> 本段对众生相的描写，突出了不同身份、不同阶层之间无法缓解的社会矛盾。商人横冲直撞，神父低声下气。作者对不同阶层人民的观察细致入微，对社会现实的理解极为深刻，显露出作者深厚的写作功底。

> 用香蒲叶编成的装东西的用具。

蒲 宁

三

  这些白桦和松树愈发显得阴森冷淡，它们蹙着眉头，越来越紧密地聚在一起。窗外飘着青涩而轻柔的雪花，但由于树林太严密太阴森，车厢里也越来越晦暗，仿佛外边的天气也一样蹙起了眉头。原先那种重返静谧森林时光的愉悦心情也蒙上了一层阴影……新路继续把我送往那片不为人知的土地，那是我未曾踏足过的俄国边疆。由此我更真切地体会到了俄国风景的美丽和深沉的忧郁，这曾是我年少时就充分感受过的情绪，它与俄国的生活缠绕在一起，是那样地无法分割。森林阴沉地围住这条新路，就像是在对它说：

  "你走吧，走吧，我们给你让路。人类已经如此穷困潦倒，难道你犹嫌不足，还想要把大自然也劫掠一空？"

  森林中的冬日极其短暂，稍纵即逝，正如此刻窗外已嬗(shàn)变为朦胧的黄昏，一种无端的、混乱的、地地道道的俄式愁绪渐渐涌上心头。绵延千里的雪原从四面八方围住我，在这片广袤无垠的土地上，圣彼得堡只是边缘处遥远的一抹绿洲。车厢又空了，又只剩铁路管事和另外两个睡着的人同我在一起。在那两人中，其中一人是年轻的骑兵，他穿

> 拟人化表述，作者借森林之口，写人类对森林的劫掠和破坏。

> 演变。

着紧身马裤，直挺挺地躺在床铺上，睡得如同一个死人；另一人是铁路站长的助理，他面朝下趴在那里，身体微微晃动，就像是在适应这辆疾驰列车的撞击。他穿着一件破旧的大衣和一双耷拉在厢座外的橡胶套鞋，看着很是可怜。

在寒冷、笨重、颤动作响的车厢里，夜色变得越来越浓稠。沿路有许多高大的松树，它们的树干埋在雪堆里，一棵接一棵地从窗边闪过。枞(cōng)树像修女一样，穿着黑色天鹅绒质地的衣裙，在一座小山丘上挨挨挤挤，聚拢成群……有时，密集的树林让出一条路，于是褐绿色的低洼地就远远地延伸开去，呈现出寂寞凄凉的景象。在洼地的后面，森林像是围成了半圆形的露天剧场，渐渐变得阴森幽暗。森林上空飘浮着奶白混着铅灰的雾气，像是明火燃出的缕缕浓烟。片刻过后，盖满白雪的松树和枞树又在车窗旁边迅速闪过，一簇簇密不透风的阔叶林朝列车步步逼近，车厢里越发昏暗……车窗上的玻璃颤抖着，碰撞着，发出叮叮当当的声音，通往另一节车厢的门半开着，平稳地顺着铰链来回滑动，而车轮却急急忙忙、模模糊糊地聊着天，互相打断彼此的话头。它们交谈的声音仿佛是从地底传出来的。

"你们嚷吧，你们叫吧！"阴森而高大的松树

> 把植物拟人化，使要描述的植物生动形象，更容易表达作者鲜明的思想感情。

蒲 宁

林煞有介事、若有所思地对车轮说，"我们给你们让路，可你们又给我们这片寂静之地带来了什么呢？"

在林间站台那些新建的小屋里，点点灯火怯懦但欢乐地闪烁着。可以感受到，每间小屋里都弥漫着新生活的气息。但是从这种公家的小屋里离开后，只要再迈两步就完全进入了另一个世界。在那个世界里，稀稀落落、孤苦伶仃的几处小村庄散落在林间，渐渐变得漆黑而沉闷，那是蒙昧愁苦的林中居民生活的地方。站台上伫立着好几个来自这些小村庄的人，他们穿着破旧褴褛的外套，头发蓬乱，伤了风的喉咙发出嘶哑的声音，状如乞丐。但他们是如此谦卑恭顺，那一双双的眼睛又是如此纯洁赤诚，仿若孩童。他们垂下手中的鞭子，用几乎无望的眼神看着乘客，因为他们当中有好多人常常是连一个乘客也招揽不到的。他们呆滞地看着列车，就像是在用自己的眼神对它说：

"随便你怎么办吧，我们一点儿办法都没有。这一切会闹到什么样的地步，我们也不清楚。"

我望着这群年纪轻轻却受尽磨难的村民，沉默无言的长夜正慢慢地降临在俄国广袤的荒漠上。

这个夜晚不再凛冽，气候温和舒适，温柔的小雪花从空中轻飘飘地落下。列车在会让站的一座长而低矮的房子前面停了一会儿。房屋上的几扇小窗

✎ 作者再一次借自然之口揭示人类为一己之私而对自然做出的破坏。

✎ 作者的描述从新建小屋转移到小村庄，以及小村庄里受尽磨难的村民，转折丝毫不生硬，加强了作品的现实主义色彩。

17

户透出灯火的亮光，就像一双双眼睛，在披挂着冰雪的古老松林后向外张望。一辆机车徐徐地从列车旁驶过，轮子轧在铁轨上铿锵作响。机车把十来个货物车厢挂到列车后面，接着用两声凄楚的鸣笛宣布一切都已准备就绪。响亮的鸣笛声抑扬起伏地互相呼应，沿着森林朝远处传开。

"接下来的路可就不好走喽！"车厢的过道上，一位小市民站在我身后，叹息着说，"接下来有段三公里左右的上坡路，然后要过一条土堤。看着都吓人！就没有哪天不出事故的。"

我眼睁睁地望着车站上的灯火离我们远去，隐没在森林后面。"我，一个孤独的流浪者，到底哪里才是我的归属？"我心想，"我和密林深处的这片荒僻之地到底还有什么共通之处？它辽阔广袤，没有尽头，我怎么能理解它的惆怅与悲伤？又怎么能够给予它帮助？这个地方如此美丽，又是如此富饶！在这个气温宜人的一月的夜晚，新雪和青色的针叶使空中盈满柔和干净的气息，四周繁茂的树林显得尤其茁壮和威严，站在那里安静地打着盹儿……而那远方又是多么骇人！"

我向前方看去，望着这条新路，只知道每过一刻，这座阴沉的森林都越发不欢迎新路的闯入。黑色的树丛紧紧地挤在路两旁，机车的灯光把前方照

✏️ 用人类的眼光和感情去思考森林的喜怒哀乐，既是人类丰富思想感情的表现，又是对人与自然的关系的思考。

蒲 宁

亮，使这条新路看起来像是无穷无尽的隧道。百年古松将它层层环绕，似是不愿放列车继续前行。但是列车却不肯就此止步：它用沉重而生硬的呼吸声均匀地打着节拍，化作一条巨龙，吃力地爬上斜坡。远处，巨龙的头喷吐着赤红的火焰，那火光在车轮之下的铁轨上耀眼地闪烁着，颤抖着，恶狠狠地照亮那条阴沉的林荫道，两旁的松树静静挺立，纹丝不动。一片漆黑的夜色封住了林荫道，但列车却执意向前挺进。只见一道长长的灰白色烟雾，仿若彗星的尾巴在列车上空飘浮，烟中满是四处迸溅的火星，而火焰的影子映在烟云的底部，染出一片血红。

✏️ 暗示人类与自然的交锋将会是残酷的，两败俱伤的。

阅读小助手

　　随着列车的不断前行，夹着雪花的凛冽的寒风仿佛在倾诉着自然的哀愁，一路伴随的哀愁也影响着男主人公的心绪，男主人公越来越感到人类对自然的破坏之深。

　　新路的出现让人类的出行更为便利，但却是以破坏自然为代价。随着人类社会的快速发展，人类对自然的破坏成为一个严峻的问题，人类应该停下来想一想如何处理人与自然的关系，让人类和自然的发展走向一个正向循环，而不是只有破坏。

山 隘

崔舒琪/译

> 开篇即切入主题，用寥寥数语勾画出一人、一马在漆黑寒冷的山隘赶路的场景。

夜幕早已降临，我在山间步履艰难地朝山隘前行。冷风扑面而来，四周寒雾弥漫，那匹筋疲力尽、浑身湿淋淋的马儿仍被我牵在身后，绝望但顺从地追随着我的步伐，徒留两只空荡荡的马镫叮当作响。

暮色朦胧，我在山麓的松林旁略作休息，而过了松林便是那条荒无人烟、寸草不生的上山路。我朝脚下无尽的深渊望去，心里泛起一种特殊的骄傲感和力量感——人们从高处向下俯瞰时，这样的感觉总会油然而生。紧挨着狭窄海湾的山谷渐渐昏暗下去，却还能依稀分辨出几处微弱的亮光，零零星星地散落着。海湾越往东去就越开阔，仿佛是竖起了一座烟雾缭绕的蔚蓝色屏障，将半边天空拥入怀中。

> "我"对已经走过的路有一种征服的感觉，所以感到自豪。

山谷中还有亮光，但在深山中已然是深夜了。天黑得很快，我渐渐走近森林，只见群山变得越来越阴暗，越来越森严。朔风从高空席卷而下，裹挟着浓厚的雾霭，让浓雾在山脉间的空隙里猛然激

蒲　宁

荡，看起来像是一条条纤长而倾斜的云。高处的台地上缠绕着大团的松软云雾，被朔风卷下来的雾气就是从那里来的。而不断坠落的雾气似乎又使山间的峡谷显得更加阴暗而幽深。浓雾渐渐浸染了松林，带着那低哑、深沉而凄清的松涛声朝我逼近。山间渐渐散发出冬日的清新味道，寒风刮来了冷雪……夜越来越深，我埋头躲避迎面而来的风，长久地走在阴暗的山间松林中，那些松树相互交错成拱形的穹顶，在雾气中哗哗作响。

　　"很快就要到山隘了，"我对自己说，"马上就能翻过山岭，找到一处无风无雪的地方，进入一座明亮而热闹的房子……"

　　然而，半小时过去了，一个小时过去了……每一分钟我都觉得山隘似乎就在我两步开外的地方，但那条荒石遍布寸草不生的上山路一直没有尽头。我已将松林远远地甩在身后，也早已走过了枝杈交错的矮灌木丛，我开始感到疲倦，冷得直打战。我不由想起，在离山隘不远的松林间有几座孤坟，埋葬着被冬季的暴风雪卷下山的樵夫。我感觉自己正处在荒无人烟的高山之巅，感觉自己的周围除了浓雾和悬崖再无其他。我的思绪止不住地飘远："那些孤零零的墓碑在迷雾中是那样阴暗，看起来就像一个个人形，我该如何从它们旁边穿过？如今的我

✎ 大段的环境描写，渲染了一种荒凉、阴郁的氛围。

✎ 说明"我"对翻过山岭的向往，也间接反映了"我"在寒夜中赶路时的倦怠和不安。

已经失去对时间和空间的感知，又能否蓄起足够的气力下山？"

前方，在奔腾翻涌的雾气中，隐约显现出一些黑乎乎的轮廓……那是阴郁而乌黑的山丘，看起来就像沉睡的熊。我艰难地在这些山丘上攀爬，从一块石头移动到另一块石头，而那匹马儿吃力地跟着我向上攀登，马掌踏在潮湿的砾石上叮当作响，一不小心就会打滑。我突然发现，前方的山路又开始缓缓上升，朝着深山蜿蜒而去！此时的我停下脚步，陷入了深深的绝望之中。紧张和疲惫使我浑身颤抖，不断飘落的雪浸湿我全身，那寒风更是刮透了我御寒的衣物，让我冷到了骨子里。要不要试着呼救呢？可是此刻，就连牧人也赶着羊群躲进那仿佛建于荷马时代的简陋茅舍里，又有谁会听见我的呼喊？我惊恐万分地环顾四周：

"我的天啊！我该不会是迷路了吧？"

深夜已至。远处的松林发出一阵阵睡意昏沉的低鸣。尽管我不知道现在是何时，自己又身处何地，却仍能清楚地感到这个夜晚越发神秘奇诡。此时此刻，深谷中的最后一点灯火也熄灭了，灰茫茫的雾气笼罩其上。迷雾清楚地知道，由它统治的时刻已经到来。在这一段漫长的光阴里，大地万物的踪迹都将绝灭，仿佛永远迎不来新的黎明，只有那

> ✏ "我"的心境的第一次变化。从上山之前的骄傲感和力量感，变为现在的恐惧和绝望，"我"感到迷茫，开始怀疑自己能不能翻越山隘。

22

蒲 宁

雾气会不断地蓄积、弥漫，将巍峨的高山护卫在怀里。就连山间的密林也将不停地碰撞出低沉的涛声，荒僻的山隘处则会刮起越来越强劲的风雪。

我躲避着扑面而来的寒风，朝马儿转过身去。它可是我身边唯一的活物了！但那匹马连看都不愿看我一眼。它浑身湿漉漉的，冻得瑟瑟发抖，高高的鞍座笨拙地戳立在它拱起的脊背上。马儿站在原地，顺从地低垂着头，两只耳朵紧紧地贴着脑袋。我恶狠狠地拽着缰绳，又将脸埋进潮湿的风雪之中，继续顽强地顶风前行。我环顾四周，试图看清身边的东西，但目之所及，只有疾驰的灰色云雾卷着冰雪，刺得我睁不开眼睛。我侧耳倾听，试图听清周围的声音，却只能分辨出耳边呼啸的风声，还有身后单调的铿锵嗡鸣——两只马镫互相撞击的响声。

<u>然而不可思议的是，心中的绝望渐渐将我磨砺得更加坚韧！</u>我的步伐迈得愈发勇敢，心中愤恨地谴责那个让我落到如此境地的人，而正是这种责难使我变得快活起来。满心的怨恨渐渐转作阴郁而坚毅的顺从，我甘愿承受一切必经的磨难，纵使前路迷茫，毫无希望，我也一样甘之如饴……

终于，我走到了山隘，可此刻的我对一切都已满不在乎。脚下是平坦的草地，浓雾被风撕扯成

✏ "我"的心境产生第二次变化，从恐惧和绝望变得充满信心。作者借此说明面对人生的困难，只有坚定解决难题的心，拥有战胜困难的毅力和勇气，才能越过生活中的一道道"山隘"。

一绺绺纤长的发丝，但我丝毫不去留意那几乎要将我卷倒在地的狂风。仅凭这呼啸的大风，这弥漫的浓雾，我就能感到，浓黑的夜已主宰了一座座山峰——在深谷的茅舍里，渺小的人类早已酣梦沉眠。可我却不急于寻找一个栖身之地，而是咬着牙继续前行，偶尔轻声地对马儿嘟囔：

> 夸张地表现出夜色无边，统治一切，更说明我的处境艰难。

"走吧，走吧。只要我们还没倒下，就不要停下蹒跚的脚步。在我的一生中，这样艰险荒凉的山隘数不胜数，早就记不清走过了多少！悲苦，磨难，疾病，爱人的背叛，还有让我尝尽苦涩屈辱的友谊，这一切都如同漆黑的夜朝我迫近——是时候了，是该告别那些曾与我紧密相连的一切了。无可奈何地，我又拿起那属于云游朝圣者的手杖。通往又一重幸福的山路是那样陡峭险峻，难如登天；在山巅迎接我的只有浓黑的夜、弥漫的雾和肆虐的风雪；山坳处，可怕的孤独将我紧紧攫(jué)住……可是，我们还是继续向前走吧，走吧！"

> 抓住。

我如同游荡在梦中一般，跟跟跄跄，磕磕绊绊。离破晓还早得很。下山到深谷要走上整整一夜，也许直到黎明时分，我才能找到某个安身的地方，才能蜷着身子沉沉睡去，到那时，我的心中将只剩酷寒侵袭过后重遇温暖的欣喜。

天亮以后，无论是热闹的人群，还是温暖的

蒲　宁

太阳，都将使我重沐喜悦，同时又让我久久地迷惑……又或许，我将永远地倒在这无尽的长夜，留在这片亘古以来就荒凉凄清、寸草不生的群山之中，被肆虐的暴风雪所淹没。

> 整个古代。

> **阅读小助手**
>
> 　　本文通过叙述"我"在雪夜翻越山隘的故事，描写了山脉、峡谷、风、雾、雪等自然景象和自然现象，渲染了一种阴郁、荒凉的氛围；并借"我"的心境的两次变化，来暗示"我"对待恶劣环境态度的变化。
>
> 　　作者用本文说明纵使人生道路上会遭遇很多恶劣环境和难关考验，但只要坚定自己的内心，坚信自己有战胜困难的毅力和勇气，恶劣环境就一定能被克服，难关考验也一定会迎刃而解。

长夜与灰白苍茫的远方

崔舒琪/译

✏️ 写雪夜平原,从远处写起,萧瑟苍茫的景象跃然纸上。再写到头顶的夜空,与平原相对应,奠定了整首诗的气质。

长夜与灰白苍茫的远方,
层林染冷霜。
点点繁星闪烁,
将夜空照亮。

星辉渐似严霜,
乳白色星光倾泻,
映得四周的土地
慢慢僵冷,冻结。

荒原一片寂静……
但山后的幽谷里,
河面的冰层
偶尔发出清晰的碎裂声。

燃烧的流星划过夜空,
照亮了银白的雪……
那沙沙的响动,

蒲 宁

是野兽在轻捷地奔行……

平原上，宁寂又至……
苍白的夜色里
我屏住呼吸
孤独地，长久伫立。

> 平原的寂寥，夜空的高远，河面冰层的寂静……都是为最后两句做铺垫，景色越"大"，越衬托出"我"的渺小与孤独。

虽没有太阳，但那些池塘仍澄澈透明

崔舒琪/译

✏️ 先写宁静的池塘，安静得如镜子，再写大雨来临，池水泛起涟漪。整首诗先静后动，具有动态的美感。

虽没有太阳，但那些池塘仍澄澈透明，
如同浇铸而成的明镜，
又如盛满静水的玉杯，
里面看似空无一物，
却映出多少花园美景。

落下一颗大如螺帽的雨滴，
闪闪发亮的雨丝化作银针，
让平静的池水泛起涟漪，
大雨闪动着银亮的光芒，
整个花园为此喧闹嬉戏。

狂风戏弄着片片树叶，
将小白桦卷得凌乱歪斜，
一抹阳光点燃了颤动的银丝——
那雀跃的光亦如火焰明灭，
天边的青蓝向水洼挥洒倾泻。

蒲　宁

看，一道彩虹……生活如此令人愉悦，
还有青天，暖阳，和渐渐长成的庄稼地，
只要想到就让人欢喜。
这平凡的幸福应努力珍惜。

摘下帽子徐徐漫步，
看孩童在凉亭撒下金色的沙土，
心中的念头从没有这样清楚——
这，便是世间最大的幸福。

这是一首恬静的诗，展现大自然的美好，池塘、大雨、彩虹、暖阳等意象构成了一幅和谐的田园风光。

清 溪

崔舒琪/译

> 沙丘间的溪流执意向大海流去，克服艰难，不畏遥远，象征心中有远大目标，才能勇敢前行，获得成功。

干旱的沙丘间有条清溪……
它匆匆奔流，要到哪里去？
为何要不顾这两岸的贫瘠
执意将出路开辟？

酷暑染白了天际，
火热的碧蓝，云朵无处寻觅。
整个世界都好似
被封裹在耀眼沙漠的怪圈里。

可那条潺潺的清溪，
却仿佛知道，东方是它的源头
而大海是它最终的归宿，在那里，
海湾将为它铺开远方辽阔的天地——

在自由自在、无边无际的天陲之下，
大海将无私地接纳这条小溪，
把它拥入恢宏浩瀚的双臂，
自此，清流汇入碧波，永不分离。

蒲 宁

傍　晚

崔舒琪/译

我们总以为幸福只能追忆，
其实幸福无处不在，也许
它就是屋外秋色满盈的花园，
那涌入窗内的空气。

苍茫的天空升起一朵流云，
边缘有柔和的银光轻闪。我久久地
望着它……我们很少去看，去领悟，
可唯有懂的人能获得幸福。

窗户开着。一只啁啾的鸟儿
落在窗台，于是我将目光从书本移开，
让片刻的休憩抚平倦怠。

天色渐暗，万里渐无云，
打谷场上，脱谷机轰鸣……
看着，听着，感到幸福。一切尽在我心。

> 幸福其实很简单，蓝天，白云，鸟儿歌唱……只要你有一颗欣赏的心，就能发现世界的美好。

○ 作家档案

中 文 名：**黛莱达**

外 文 名：Grazia Deledda

国　　籍：意大利

出生日期：1871年9月27日

逝世日期：1936年8月15日

认识作者

格拉齐亚·黛莱达，意大利自然主义流派作家。由于女孩不能过多接受教育的封建陋习，黛莱达只上了四年小学，就被迫辍学在家。但她并没有就此放弃求知和上进，依然坚持自学，持续写作。她是第一位获得诺贝尔文学奖的意大利女性作家，也是继拉格洛夫之后第二位获得该奖项的女性作家。

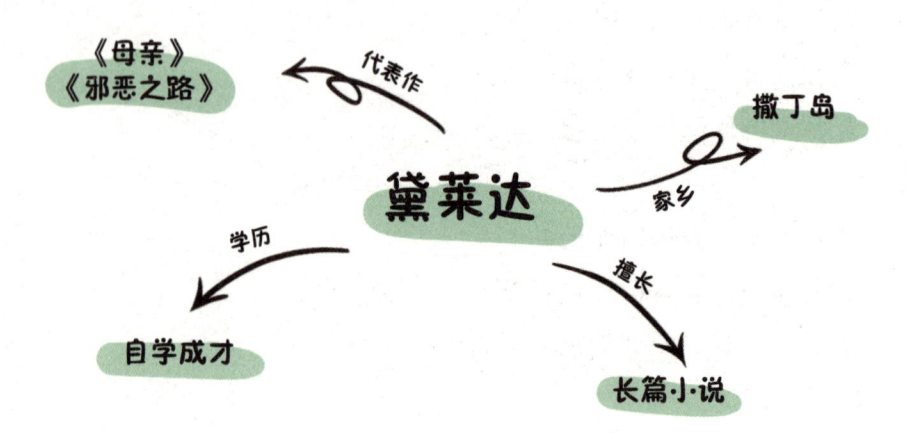

《母亲》《邪恶之路》 ← 代表作 — 黛莱达 — 家乡 → 撒丁岛

学历 ↓ 自学成才

擅长 → 长篇小说

1926 年诺贝尔文学奖

获奖理由:
　　为了表扬她由理想主义所激发的作品,以浑柔的透彻描绘了她所生长的岛屿上的生活;在洞察人类一般问题上,表现的深度与怜悯。

创作风格

　　黛莱达以自然描写和对女性命运的深入探索而闻名。她一生的创作大多围绕她的家乡撒丁岛展开,在作品中经常融入当地民间故事、传说和习俗,具有浓郁的地域特色,字里行间不难感受到她对家乡撒丁岛的热爱和珍视。除此之外,对于女性内心世界的探索也是黛莱达作品的重要内容,她笔下有着各式女性形象,黛莱达在作品中深入探讨了她们的人生、欲望与抗争。

作文素材

　　如果我们想要得到自由而不是深陷其中的话,我们就必须毫不迟疑地作出割离。《母亲》

　　当我们还是孩子时,我们想的都一样,每件事对我们来说都了不起而美丽无比……但当我们长大后事情就不同了。你必须小心处理每件重要的事,这样你事后才不会后悔。《母亲》

小野猪

卿荷梦玥/译

> 文章开头的几处颜色描写，将刚出生的小野猪眼中的世界渲染得极为生动和鲜明。

在天空、大海和远山的蔚蓝色映衬下，小野猪一睁开眼睛，就看到了世界上最美丽的三种颜色：绿色、白色和红色。

透过绿色的橡树叶，近处的山峰在月光下显得如白云般明亮。血红色的苔藓在野猪窝周围蔓延开来，布满了岩石、小石子、岩壑，仿佛所有从那里经过的牧人和强盗都留下了他们绯红色的外衣，甚至一些血迹。在这样的环境中，怎么能不勇敢且无畏呢？七个小家伙紧紧挨着母亲，年轻的野猪妈妈刚为它们梳理和舔舐完毛发，它们中最后出生的那只，我们勇敢的小野猪，在吃饱喝足后，快乐地冲出去，奔向那个它出生的橡树树荫以外的世界。母亲用凄切的叫声呼唤它回来。小野猪并没有理会，直到它发现在阳光明媚的地面上，有另一只小野猪的影子，它漂亮短小的尾巴翘着，绕起来是环状，才被吓得跑回妈妈身边。

一天一夜过去了，小兄弟们都向着太阳前进，然而都被自己的影子吓得退回到阴影之中。野猪妈

黛莱达

妈从苔藓中揉碎了剩下的橡子，用叫声呼唤着小家伙们归来；其中六只都有着相同的金黄色条纹的毛发，像丝带一样柔软，它们互相追逐，兴奋地蹦跳着；然而这第七只，第一个去世界冒险的小家伙，却没有回来。野猪妈妈转动着它那双温柔的眼睛，淡红色眼睑透露出一丝野性，喊叫时露出洁白的獠牙。然而，小野猪没有回答，也再没有回来。

    小野猪开始了旅行。它跃动不已，不断嘟囔着，在牧羊人温热的背篓里徒劳地挣扎。永别了，故乡的山峰，苔藓的芬芳，如同母亲的乳汁般自由的芳馨！被禁锢的小野猪不断地咆哮，充满了抗拒和怀旧的痛苦。即便是最可怕的敌人，我们也不愿看它长久地被困于牢笼中。几个小时过去了，又几天过去了，一只如同戴着黑色手套的小脏手，将一碗牛奶放在笼子下。两只黑黑的大眼睛透过脆弱的牢笼围栏观察着笼子里面。一个善意的声音向小野猪询问：

    "你会咬人吗？如果你不咬人，我就把你放出来；如果你咬人，那就晚安，再见！"

    被囚禁的小野猪哼了一声，气息透过围栏传了出去。它的叫声充满了友善和乞求，黑色的小手打开了笼子。小野猪迟疑地踏出牢笼，嗅着周围地面的气息。山上明亮的世界与这个黑暗又狭窄的小

> ✏️ "也再没有回来"，暗示了离开大自然进入人类世界的小野猪的结局。

世界完全不同。在这个低矮而破旧的厨房里，牧羊人的弟弟谨慎地关闭了厨房的门。小野猪轻推着炉灶，这是它新的探索目标，炉火已经熄灭。这个炉子正在烘干一些大麦，用来给这个贫穷的家庭制作面包。

"好了，你不想再出来了吗？请不要弄脏大麦，我们已经没有多余的了。我的母亲靠洗犯人的衣服为生，我的父亲还在监狱里。"孩子俯身在炉口边说道。

> 交代孩子的家庭情况，为后文埋下伏笔。

小野猪仿佛听懂了他说的话，它跳出了炉子，用那双带着微红色眼睑的棕色小眼睛凝视着孩子那黑色的大眼睛。他们互相理解，从那一刻起，他们亲如兄弟。一连几天，人们总是看到他们在一起。小野猪嗅着它的朋友那脏兮兮的小脚，而这位朋友则抚摸着小野猪金色和棕色的毛发，或者把手指穿过它环状的尾巴。

两个小朋友就这样过着平静祥和的日子。小野猪在布满岩石的庭院里嘟囔着，这让它回忆起了故乡的山峰，而男孩则躺在阳光下，模仿小野猪的嘟囔声。

有一天，一个身材高挑、轻盈而美丽的女仆从巷子里走过，她脸色红润，如同一面鲜艳的旗帜。她身后跟着一个小男孩，他透着玫瑰色的脸庞仿佛被金色的光环所包围。

那个小男孩看到小野猪，大叫一声：

"哦，多美啊！我想要它！"

这仅仅是美丽的金发小男孩说说罢了，小野猪并未理睬他，径直跑进了厨房，躲在烤箱背后。与此同时，它的主人站了起来，脸色阴沉，十分不悦。

"这是你的吗？"女仆问道。

"我的。"

"把它给我，我给你一里拉。"金发小男孩说道。

意大利的旧货币。

"即使我死了，也不会给你的。"

"你太无礼了，你就这么说话的？"

"如果你不走，我就用石头砸你的头。"

"你是个坏人！我要告诉爸爸。"

"我们走吧，我们走吧。"女仆说，"我会把这件事情告诉他的妈妈。"

几天后的一个晚上，牧羊小男孩的母亲回到了破旧的厨房，一边洗着犯人的衣物，一边和她的孩子交谈，宛如与一位老人对话。

"是的，我的帕斯卡雷杜，"她嘟囔着，气喘吁吁地拧紧湿湿的围裙，"如果你父亲没有被释放，我真不知道我们该怎么办。我再也受不了这哮喘病了；你哥哥挣的钱都不够他自己使用。我们该怎么办，我的帕斯卡雷杜？还有那个律师，我们怎么给他钱？我已经抵押了我的奖章和银扣子，才弄到这些大麦。如果病情继续恶化，我该去哪里？"

就在此时，那个轻盈的红发女仆走进了这破旧的厨房，坐在了已经熄灭的壁炉旁。

"那只小野猪在哪里，帕斯卡雷杜？"她一边问，一边环顾四周。男孩走到炉子前站着，注视着她，骇人而轻蔑，只回答了一个字：

"滚！"

"玛丽亚·坎贝达，"这个女仆对正在拍打围裙的母亲说，"你知道我是为法官工作的。而我的女主人是个富裕的女人，他们有一个独生子，简直就是个小恶魔，为所欲为。父亲只通过他儿子的眼睛来看问题。现在这孩子因为吃得太多而生病了！他的父母大伤脑筋，都快疯了。前几天，这孩子在你家院子里看到一只小野猪，他想吃掉它。把那只小野猪给他吧，最好是明天就让帕斯卡雷杜把它送过去。如果你们需要钱的话，他们一定会支付的。"

"你的主人是个法官吗？"母亲喘着气说道，"那么你可以为我丈夫说几句好话吗？几天后他将被审判。如果他被判有罪，我将成为一具行尸

父亲对儿子的骄纵，让儿子沉浸在自己的世界里，无法无天，甚至明抢别人的小野猪。

走肉。"

"我不能向我的主人提这些事情。"

"好吧。明天帕斯卡雷杜会把小野猪带去。至少告诉你的主人,这个孩子是不幸的弗朗西斯库·坎贝达的儿子。请告诉他,我患有哮喘病,我们真的快饿死了。"

这位女仆没有回应,因为大家都知道弗朗西斯库·坎贝达是有罪的。

小野猪再次踏上旅程,但这一次它一直待在它的朋友的怀中。他们穿过小城镇。两颗心紧密相连,一颗心充满了焦虑,而另一颗心则充满好奇。即使这个孩子知道他必须背叛他的朋友,但小野猪也不相信它的朋友会背叛它。小野猪把它的小嘴伸到帕斯卡雷杜的胳膊下,用一只眼睛观察着那些房屋、人群和街道。有一群野孩子跟着他们,一直跟到法官大楼。其中一个孩子擅自敲门,对门口出现的漂亮女仆大声喊道:

"帕斯卡雷杜哭了!因为他不想把他的小野猪给你。如果你不快点抓住它,它就会逃走,你再也得不到它了!"

"这不是真的,我没有哭!你们都走开!"帕斯卡雷杜大声喊道,试图把小野猪塞进女仆的怀里就跑。然而,女仆还是让他进去了。就在这时,家

黛莱达

✎ 女仆前文点出男主人的身份是法官,让帕斯卡雷杜的母亲抱有一丝希望,不敢拒绝把小野猪送给男主人的孩子。但女仆又说不能向主人提帕斯卡雷杜家的困难,说明女仆的话语只是一种欺压手段。

✎ 第一次旅程是在背篓里,第二次在男孩的怀里,通过对比展现了小野猪和男孩结下了深厚的友谊。

里的男主人，那位法官在腋下夹着一沓文件，准备去法庭。他是一个又矮又胖、脸色苍白的人，留着两撇大黑胡子，眼神充满忧郁。

"怎么了？"法官问道。与此同时，女仆从外套的袖子里扯出了一根白线。

"这小男孩把他的小野猪带给西格诺里库。他是那个可恶的弗朗西斯库·坎贝达的儿子，他父亲被关在监狱里。他们真的太穷了，都快饿死了。他的母亲还患有哮喘病……"

法官摇了摇手，似乎在说"够了"，然后看着帕斯卡雷杜说道：

"给他点东西。"

女仆把小男孩带到西格诺里库所在的明亮洁白的房间里。西格诺里库裹着披肩坐在小床上，正在看一本有着奇怪图画的书：图画里有披着羊毛、戴着狐狸头、拖着貂尾的男人和女人；还有穿着熊皮、豹皮、野猪皮的人。显然，这个金发的孩子喜欢凶猛的野兽。当他看到小野猪时，立刻扔下书，伸开双臂，大声喊叫：

"快给我，快给我！"

孩子的母亲是一位高挑美丽的金发女士，身穿蓝色睡袍，她担忧地蹲下身子。

"怎么了，亲爱的，你想把它放在床上吗？

✏️ 前文中，女仆说不能对自己的主人提这些事情，但此处还是说了，颠覆了作者前文塑造的女仆形象，表现出女仆善良的一面，作者借此表达人物的复杂性。

诺奖作家给孩子的阅读课·亲近自然

40

它脏兮兮的,你应该明白。我们可以把它放在厨房里,你一起床马上就可以和它玩。"

"我想让它在这里!把它给我,否则我就把我的披肩扔了,也不待在床上了。"

他们还是把小野猪给了他。

帕斯卡雷杜拿起那本图画书,定定地看着它。

"你想要它吗?拿去吧!"女士说。

帕斯卡雷杜拿走了那本书。大楼外面,一群小鬼正等着他。他一出来,他们迫不及待地问他用小野猪换来了什么,他们嘲笑他,甚至抢走了他的书。

帕斯卡雷杜从他们手中夺回了书,将其夹在腋下,飞快地逃离了那里。他觉得这样就好像保留了关于那只不幸的小野猪的一段记忆。

可怜的小野猪在富裕家庭里饱受束缚的痛苦。有多少次,西格诺里库差点勒死它;又有多少次,蓝色睡袍的波浪形褶边下飞出的双脚将小野猪踢来踢去;甚至女仆曾多次说道:"我们要在西格诺里库的宴会上把你给烤了!"

在这个家庭中,只有男主人是善良的。他从窗户望着刚刚康复并回到花园的儿子,脸上带着微笑,他的眼神既甜蜜又带着担忧,让小野猪回想起了母亲的眼神。

> 描述小野猪在西格诺里库家受到的虐待,既表现了小野猪的悲惨境遇,也从侧面反映出西格诺里库和女仆的个性。

有的时候，小野猪独自待着。它喜欢嗅女仆的脚，跟随她转悠，偶尔又把它的猪嘴巴放在平底锅上。它还常常在偌大的野生菜园里肆意奔跑，那里生长着一棵橄榄树和一棵橡树。儿时的快乐仿佛又回来了。当小野猪趴在灌木丛里，抬头看见蓝天、白云和树林间白色的小屋时，它感觉自己又回到了故乡的山上。然而此时，在远处的某个地方，西格诺里库拿着他的玩具步枪、手枪和短剑，玩起了打猎游戏。他瞄准了小野猪，向它奔来，用玩具枪射它，打断了小野猪的快乐。

这一天，厨房里一片繁忙景象，所有的锅都噼啪作响。美丽的女仆在烟雾中闪闪发光，宛如夜晚的微雾中红色的明月。今天是男主人为西格诺里库组织的盛宴。受到邀请的宾客在等待午餐的时候，纷纷涌入厨房，只为目睹这位女仆如何巧手准备午餐，她的风采实在是令人惊叹。在其他客人离开后，副行政官偷偷地和女仆亲近，并把他的枪藏在了窗户后面的一个洞里。

✏ 为小野猪的死亡埋下伏笔。

"我把它放在这里。那个小恶魔一直在我的包里翻来找去，想找到它。你别碰它，它已经上膛了。"

宴会现场热闹非凡，人们的谈笑声不断。男主人和另一位法官正在讨论一位来自法国的优秀法官最近开始实施的"赦免法"。

"我们今天宣告无罪的那个可怜虫,那个坎贝达,"男主人说道,"他偷盗的行为是出于养家糊口。他是这个家庭的父亲,他还有两个品行良好的儿子。这项法令想必非常适用。"

"如今法律对于富人来说几乎无效了。"副行政官冷笑道。众人纷纷笑了起来。

厨房里,小野猪和一只小黑猫一起舔着盘子。对它俩来说,还有很多剩余的食物。小猫将爪子伸到小野猪面前,把它的小胡子撩到自己那像米粒一样的小白牙上面。

女仆在餐厅时,身着蓝色衣服的西格诺里库突然闯入厨房。他的头发光滑而闪亮,宛如一顶金色的缎帽。他看起来就像一个小天使。他从椅子上跳到灶台上,又从灶台上跳到桌子上,再从桌子上翻到窗户上。在那里,他找到了枪。他小心翼翼地拿起它,然后将枪放回洞里。他没有欢呼高叫,但他炯炯有神的眼睛里透露出一种野性,宛如小猫一般。

西格诺里库扑向小野猪,狡猾的小猫则趁机逃走了。他一把抓住小野猪,把它从厨房的窗户一下子扔进了菜园子里。

"这次我们玩点儿更带劲的!"西格诺里库回

✏️ 作者的比喻充满嘲讽,有着恶魔一样行为的孩子却拥有天使般的外貌。

到窗前，大喊道，"站在那儿别动！"

小野猪嗅了嗅灌木丛，它真的太高兴了，因为它吃得很饱，感到非常满足。小黑猫从橡树顶上跳了下来，露出尖利的牙齿。小野猪看见了西格诺里库拿着枪站在厨房的窗边，但它不明白为什么那只逃跑的小猫要用绿色的大眼睛惊恐地看着它。

紫色的云笼罩了一切。小野猪倒下了，闭上了眼睛。过了一会儿，它抬起淡红的眼睑，最后一次看到这个世界上最美丽的色彩：橡树的绿色，小房子的白色，还有它自己血液的红色。

> 首尾呼应，本文开头写小野猪一睁眼看到了世界上最美丽的三种颜色，此处与开头的色彩描写相呼应，既表现了小野猪的单纯，又表现了人类的残忍。

阅读小助手

人类自诩是地球的主宰，对大自然中的一切生灵都拥有生杀予夺的权力，但实际上，自然中的一切生灵都是地球的主人，人类对自然环境的破坏以及对生灵的伤害终将自食恶果。

○ 作家档案

中 文 名：**吉卜林**

外 文 名：Joseph Rudyard Kipling

国　　籍：英国

出生日期：1865年12月30日

逝世日期：1936年1月18日

认识作者

吉卜林，小说家、诗人。他生于印度孟买，七岁回到英国，大学毕业后从事报刊编辑工作，并逐渐走上文学创作之路。他是第一位获得诺贝尔文学奖的英国作家，也是最年轻的诺贝尔文学奖获得者。1936年，他在伦敦去世，英国政府为他举行了国葬。

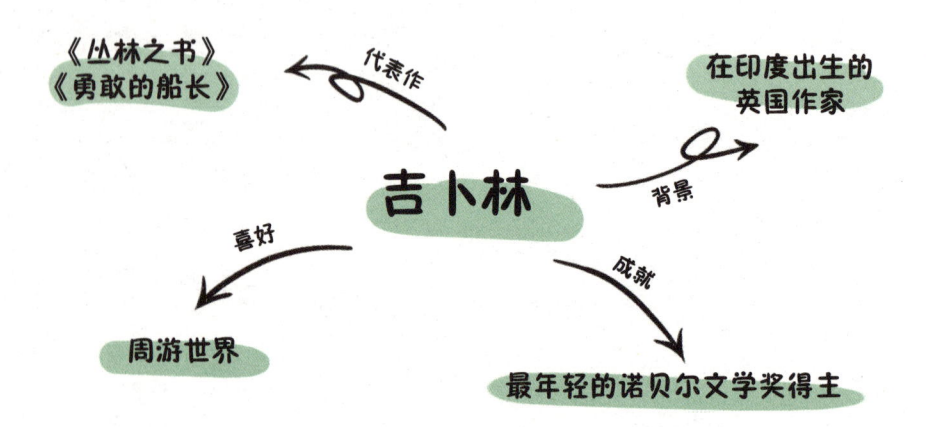

《丛林之书》
《勇敢的船长》 ← 代表作

在印度出生的英国作家 ← 背景

吉卜林

喜好 → 周游世界

成就 → 最年轻的诺贝尔文学奖得主

1907年诺贝尔文学奖

获奖理由：
　　这位世界名作家的作品以观察入微、想象独特、气势雄浑和叙述卓越见长。

创作风格

　　吉卜林擅长通过引人入胜的情节和生动的描述吸引读者，作品中经常以深入的观察和细致入微的描绘展示异域文化的各个方面，特别是印度和其他英属殖民地。同时，他也是一位杰出的诗人，他的小说中经常穿插诗歌，其风格简洁明快，节奏鲜明，具有强烈的音乐性和韵律感。吉卜林常常探讨道德和人性的问题，关注荣誉、忠诚、勇敢等价值观，并通过故事情节和角色的发展传递道德思考和人生智慧。

作文素材

　　他们聊起了太平洋，就像一群男孩子聊起他们一起捡坚果的那片树林。如果有人能听懂海豹们的语言，那么在聊天结束后，他就能画出一张前所未有的海上地图。《白海豹》

　　他把鼻子埋进一丛没有香味的白色紫罗兰里。没有人来告诉这些花儿，它们盛开的季节早已过去，于是它们依然在幽暗的松林深处快乐地开放着。《越过火焰》

白海豹

戴贤丰/译

嘘，我的小宝贝！黑夜已然来到我们背后，

海水黑黢黢，闪闪的波光绿幽幽，

浪花卷卷，银月高悬，好似正在寻找我们的眼眸，

海浪起伏如群山，我们便在峰谷间休憩，伴着沙沙的涛声。

任巨浪碰撞怒吼，你只当是软绵绵的枕头，

噢，我犯困的小崽儿呀，蜷起来安心睡个够！

风暴可不会把你吵醒，鲨鱼也不会追来，所以不必担忧，

入眠吧，大海轻波悠悠，就是你温软的睡兜。

海豹摇篮曲

> 生动展现了海豹在大海里的生活，能安然入眠是多么难得。

所有故事都发生在几年前一个叫诺瓦斯托什纳的地方，此地别名"东北尖"，位于十分偏远的白令海圣保罗岛。冬鹪鹩利默申(jiāo liáo)便是故事的源头，当时他被大风刮上了一艘开往日本的船，缠在了索具上。我将其救下，带回自己的舱房给他保温，又悉

心喂养了好几天，这小家伙恢复健康后便再次飞回了圣保罗岛。利默申是一只颇为离奇的小鸟，但他知道怎样实话实说。

除非有公务，否则没多少人会踏上诺瓦斯托什纳的土地，只有海豹才会每年雷打不动地来这儿住上一段时间。在夏季的几个月里，它们纷纷离开灰蒙蒙且冰寒刺骨的大海，成百上千地聚集在此处，因为诺瓦斯托什纳的海滩是世界上最优良的海豹栖息地。

海叉戟自然知道这一点，所以每年开春，不管身处何方，他都会像鱼雷快艇般径直向诺瓦斯托什纳进发，到达后再花一个月时间和同伴们打打架，好在礁石上占得一处离大海尽可能近的好位置。海叉戟已经十五岁了，是一头身形魁梧的灰毛海豹，肩周鬃毛密布，犬齿又尖又长，一副凶神恶煞的模样。当他用前鳍足撑起上半身时，脑袋离地可以超过四英尺，如果有人能壮着胆子让他过个称，会发现他的体重接近七百磅。遍布全身的疤痕是无数次野蛮打斗后留下的标记，但他却时刻都准备着再打一场。敌人来犯时，他总会歪着脑袋，好像不敢正视面前的敌人，然后在电光石火间蹿出去，将嘴里的大牙牢牢地抵在另一头海豹的脖颈儿间。对手在他出招后的第一反应便是找机会逃之夭夭，但海叉

吉卜林

将描述转折到海豹身上。"没多少人"几个字，为后文人类的出现埋下伏笔。

英美制长度单位，1英尺约合0.3米。

比喻瞬息即逝的事物。也形容速度非常快。

49

戟可不会让他们如愿。

然而海叉戟深知穷寇莫追的道理，因为那违反了约定俗成的"抢滩规则"，况且他只是想在岸边找个生儿育女的地方。

每年春天都有四五万只海豹来此争夺地盘，海滩上的喘鸣、咆哮和撞击声此起彼伏，基本没有消停的时候，听上去很是瘆人。

从一座名为哈钦森的小山头上放眼望去，三英里半长的海滩被打斗不休的海豹挤了个满满当当。浪潮间也是"豹头攒动"，一个个着急忙慌地上岸，再前赴后继地加入斗殴大军。在激浪中、在沙滩上、在被海浪冲刷得滑溜溜的玄武岩上，到处都是海豹打架的身影。现在的他们和那些一心想谈恋爱的人类男子没什么差别，个个都冥顽不灵且不可理喻。"女士"们要到五月底或六月初才会登岛，在"男士"的抢滩竞赛尚未尘埃落定之前，谁都不想被他们的争强斗狠殃及。二至四岁的年轻海豹尚未到成家的年龄，他们通常会小心翼翼地穿过"大人"们的斗殴场，成群结队地前往深入内陆大约半英里的沙丘地带，在那儿翻滚玩耍，顺便将地表上的每一株绿色植物都无情碾压无数次。他们一般被喊作"小年轻"——一群"单身汉"——或许在诺瓦斯托什纳就有二三十万头。

✎ 描写海豹内部的生存竞争激烈而残酷。

▦ 英美制长度单位，1英里约合1.6公里。

▦ 形容愚笨糊涂而又顽固不化。

吉卜林

有一年春天，海叉戟刚打完自己的第四十五场架，马特卡——他那位温柔贤淑、毛皮光亮、目光如水的妻子就从海里钻了出来，他叼起爱人的后颈，把她扔回自己在海滩上占得的育儿地，不客气地问道："每次都姗姗来迟，上哪儿优哉游哉去了？"

海叉戟在海滩上蹲了四个月，脾气自然好不到哪里去。马特卡心知肚明，所以没有回嘴。她看了看四周，轻声细语道："你想得真周到啊，又抢到了老地方。"

"我想也是。"海叉戟说，"看看我这狼狈样！"

他全身挂彩二十多处，伤口正流血不止，一只眼睛几乎报废，身子两侧也被撕开了无数道口子。

"唉，男人，你们这群男人啊！"马特卡一边感叹，一边用后鳍给自己扇着风，"为什么就不能理智一点，安安静静地坐下来分位置呢？你这模样就像刚和虎鲸打完架似的。"

"从五月中旬开始，除了打架，我什么都没干。这个季节的海滩就是这么拥挤不堪。我先前碰上了至少一百头从卢坎农海滩游过来落脚的海豹。为什么他们不能从哪儿来回哪儿去，在自家地方好好待着呢？"

✏️ 从侧面描写出海叉戟的勇猛。

51

"我一直在想，要是我们离开这个挤死人的地方，转去水獭岛，日子没准会舒服很多。"马特卡建议道。

"得了吧！那地儿只有打光棍的'小年轻'才会去。要真去了，他们还不得把我们说成厌包。亲爱的，我们要注意体面呀。"

海叉戟骄傲地把脑袋往肉乎乎的双肩之间缩了缩，假装要小睡几分钟，但一直在警惕着周遭的风吹草动，随时准备和来犯之敌一较高下。时下所有的雄海豹及其配偶都已上岸，他们发出的喧闹声甚至盖过了最猛烈的海上风暴，几英里开外都清晰可闻。海滩上的海豹数量在最少的年份都超过了一百万头——年老的、当妈妈的、小宝宝以及"单身汉"们，纷纷聚在一起打架斗殴、乱吼一气、爬来爬去以及嬉闹玩耍。他们扎堆下到海里，又纷纷爬上来，躺在视线范围内的每寸土地上，在雾气中成群结队地打打闹闹。除了旭日初升之时，诺瓦斯托什纳的天气几乎总是雾蒙蒙的，岛上的一切仿佛都覆上了一层珍珠质，又折射出稍许彩虹般的色彩。

马特卡的孩子科蒂克便在一片混乱中来到了这个世界，圆圆的身子只能通过脑袋和肩膀来分辨前后。和所有海豹幼崽一样，他长着一双浅浅的、水

> 说明海豹在长期抢夺地盘中，已经养成了敏锐的感知力和警惕性。

吉卜林

汪汪的蓝色眼睛，但肤色有些不同，马特卡为此好生打量了一番。

马特卡忍不住开口说道："我们的孩子要变成白色的了！"

"你是不是误食了空壳蚬(xiǎn)子和干海草，说胡话呢！"海叉戟哼了一声，"世上从来就没有过白色的海豹。"

✏️ 突出白海豹的珍稀性，为后文情节发展做铺垫。

马特卡说道："现在开始就有了。"

她低声吟唱起海豹们的歌谣，是所有妈妈都会给孩子们唱的一首：

我的宝贝啊，六周之前别下水啊，
不然只会头重脚轻往下沉啊；
夏天的风暴和虎鲸啊，
对小宝宝可不友好啊。
他们对宝宝可不好啊，我亲爱的小东西，
坏得不能再坏啊。
一边扑腾水，一边茁壮成长吧，
不会错的，
因为你是无垠大海的儿子！

小家伙在生命之初听不懂这些歌词，只会扒拉着前肢，费劲儿地在妈妈身边爬来爬去，也学会了

53

在爸爸和另一只海豹打架的时候笨手笨脚地逃开，在一旁看着他们在光滑的岩石上咆哮着滚来滚去。马特卡经常下海觅食，孩子两天才吃上一次奶，但每次都能吃个饱，身子便越发壮实起来。

> 海豹此时无忧无虑的生活，与后文人类带来的伤害形成鲜明对比。

他在身强力壮后做的第一件事就是爬到内陆，和成千上万的同龄海豹聚在一处，扎堆玩耍，累了就躺在干干净净的沙滩上睡觉，醒了以后再继续游戏。育儿场里的老海豹们对这群小海豹置若罔闻，孑然一身的青年海豹也只会守着自己的一亩三分地，孩子们自然是玩得不亦乐乎。

马特卡从深海捕完鱼便会直接前往小海豹们的游乐场，像母羊呼唤小羊羔一样寻找自己的孩子。她听到科蒂克的低声回应后就径直朝他爬去，用自己的前鳍左右开道，把挡路的小海豹一个个掀翻。这片区域总是有几百位母亲在寻找各自的孩子，小海豹们被搅得一刻都不得安宁。然而，正如马特卡告诫科蒂克的那样："只要不躺在泥水里，身上没长疥癣，别让被刮伤的地方蹭进坚硬的沙子，别在起大浪的时候下海，这里就没有什么东西能伤害到你。"

> 这里强调安全，和后面的遭遇形成反差。

海豹刚出生时是不会游泳的，这一点和人类并无不同，而且学习游泳的过程也同样不是一件轻松的事。科蒂克第一次下海时，被一波海浪直接卷进

吉卜林

了深水区，小小的后鳍翘了起来，而大大的脑袋却直往下沉，就像海豹妈妈在歌里唱的那样，要不是下一波浪头又把他冲了回来，保不准就没命了。

自此以后，他便学着躺在海滩的浅坑里，海浪冲上岸时刚好能将他淹没，感觉身体稍被浮力托起后再划动四肢，但他总是睁大眼睛提防着，避免在大浪袭来时受伤。它花了两个星期才学会使用自己的鳍状肢。在这段时间里，他挣扎着在水里进进出出，不是被呛得直咳嗽，就是在浪花里咕噜噜地喝水，累了就爬上沙滩，稍稍打盹儿休息，然后再回去。经过不懈努力，他发现自己终于能在海水里畅游了。

✏️ 写白海豹学习生存技能，为白海豹后来的冒险做铺垫。

此后他就可以尽情想象他和同伴们一起度过的欢乐时光了：他们喜欢一头扎进浪尖卷裹形成的管状空洞里；或者骑着浪头，等巨浪旋转着远远冲上海滩后，再哗的一声，随着破碎的浪尖一起落向陆地；或者学老海豹那样翘起尾鳍给脑袋挠痒痒；或者在稍稍露出水面、海藻丛生的湿滑礁石上玩"我是城堡之王"的游戏。他会时不时看见一条修长的背鳍，和大鲨鱼的一般无二，在近岸的水域里游荡。他知道，那是一头叫作格兰普斯的虎鲸，被他逮到的小海豹都会沦为他的美餐。但凡看见他，科蒂克都会飞箭似的游向海滩，而那片背鳍却飘然远

📖 指一群海豹在限定区域内尝试把对手都挤出去，最后留下的一只海豹胜出的游戏。

去，好似什么都不会做的样子。

十月下旬，海豹们准备回到深海，纷纷拖家带口地离开圣保罗岛。今年的繁殖季算是告一段落了，育儿场已然空空荡荡，"小年轻"们也终于可以放开了闹腾。马特卡对科蒂克说："明年你就是一头'小年轻'了，所以你必须要在今年学会捕鱼。"

横渡太平洋期间，马特卡给儿子传授了仰卧而睡的技巧，即把鳍状肢垂在身体两侧，小鼻子露出水面即可。太平洋上浪花悠悠，是海豹最惬意的摇篮。科蒂克突然感到全身皮肤刺痒，但马特卡告诉他，这种针扎般的痒预示着恶劣天气的来临，所以他必须抓紧离开这里。

"用不了多久，"马特卡说，"你就会知道我们该去哪儿了，但现在得跟着那头海豚，因为他很聪明。"一群海豚此时正在海上乘风破浪，小科蒂克尽可能地在后面跟着。"你怎么知道要去哪儿呢？"他气喘吁吁地问道。领头的海豚翻了个白眼，一个猛子扎进了水里，然后说道："小家伙，我的尾巴有些刺痛，这说明风暴就在后头。要加紧跟上！当你在'黏水'（他指的是赤道）以南感到尾巴刺痛时，意味着前方有风暴，你就必须掉头向北游。赶紧跟上呀！此处的水感觉不太对头。"

✎ 相比海洋上的其他生物，白海豹科蒂克还有很多知识要学习。

吉卜林

　　这是科蒂克学到的众多窍门之一，而他一路上都在不停地学习。马特卡教了他很多东西，比如：沿着海堤追踪鳕鱼和比目鱼；把三须鳕从海草丛生的洞穴里拽出来；绕开水下一百英寻处的沉船，顺便跟着鱼群的方向，像来复枪子弹一样在一个个舷窗之间来回穿梭；于闪电划过天空时在浪尖上跳舞；在短尾信天翁和军舰鸟顺风俯冲而下的时候挥鳍致以诚挚的问候；双鳍紧贴身侧，下身弯曲，学海豚的姿势跃出水面三四英尺；别去追飞鱼，因为刺多肉少；在十英寻深的水下一边全速游动，一边咬下鳕鱼的肩头肉；永远不要停下来围观各种船只，尤其是小划艇。六个月后，科蒂克的深海捕鱼技术已经炉火纯青。这段时间里，他从来没有上过岸。

　　有一天，科蒂克正躺在胡安·费尔南德斯群岛附近暖洋洋的海水里打盹，慵懒乏力之感渐渐袭上心头，就像人类犯春困时两腿不想动弹一样。他有些怀念七千英里外的诺瓦斯托什纳，回想着在那片美丽而坚实的沙滩上经历的点点滴滴：和同伴们的玩耍嬉戏、海藻的气息、大海豹的咆哮，还有他们打架的身姿。他随即向北而行，稳稳前进，一路上碰到了许多小伙伴，都在奔向同一个目的地。他们打招呼道："你好啊，科蒂克！今年我们都是青年

▢ 英美制计量水深的单位，1英寻约合1.8米。

▢ 旧时指膛内刻有来复线（膛线）的步枪。

✏ 说明人类对海豹的诱捕杀害由来已久，才让海豹对人类的船只感到恐惧。

57

> 一般认为是水里会发光的生物受到扰动而发光所致。

> 写海豹的娱乐活动，充满了生活气息。

海豹了，可以去有'海火'的卢坎农海滩，在那边的碎浪里跳舞，或是在发新芽的草地上尽情撒泼打滚了。咦，你这身皮毛是哪来的？"

科蒂克的皮毛当下几近纯白，心里虽然很得意，但他还是刻意引开了话题："快走吧！我好想上岸，想得骨头都痒了。"他们纷纷回到了自己出生的海滩，老海豹们，即他们的父辈在滚滚海雾中打斗不休的声音再次传入耳中。

科蒂克当晚就和一群刚满一岁的海豹去卢坎农海滩跳了"海火舞"。仲夏之夜，从诺瓦斯托什纳到卢坎农之间的水域里，海火随处可见。但凡有海豹游过，他们身后都会拖着一条亮荧荧的尾流，好似水面上覆了一层正在燃烧的油膜，当他们翻腾跳跃的时候，水面仿佛火花四溅，层层海浪被扰动，大片的波纹和漩涡伴随着幽幽的荧光，向四面八方扩散开去。尽兴后，它们又来到了陆上的"小年轻"聚集地，在抽了新叶的野麦丛里滚来滚去，顺便分享了各自在海上漂荡期间的经历。他们聊起了太平洋，就像一群男孩子聊起他们一起捡坚果的那片树林。如果有人能听懂海豹们的语言，那么在聊天结束后，他就能画出一张前所未有的海上地图。这时候，一群三四岁的年轻海豹一边闹腾腾地从哈钦森山上下来，一边叫嚷道："小鬼们别挡道！大海幽深无比,你们能知道些什么!等你们绕过合恩角再聊吧。嘿,那个刚满一岁的小家伙,你一身白毛是怎么回事?"

> 位于南美洲最南端,是太平洋与大西洋的分界的地方。

"天生的,又不是故意弄成这样的。"科蒂克回完话,打算过去把那个大嗓门的无礼家伙掀个底朝天。这时候,两个黑头发、红脸皮、五官扁平的人类男子从沙丘后面冒了出来。科蒂克从来没有见过人类,低下头发出咳嗽般的吼声。其他青年海豹见状连忙跑开,在远处坐定后便开始呆愣愣地干瞪眼。来者正是岛上海豹猎人的首领克里克·布特林和他的儿子帕特拉蒙。他们来自离海豹育儿场不到半英里的一个小村庄,正打算将一些海豹驱进屠宰栏。在父子二人眼中,赶海豹和赶羊其实没什么区别,区别仅在于海豹最后会变成一件件豹皮夹克而已。

"呵,快看呐!一只白色海豹!"帕特拉蒙喊道。

克里克·布特林满头满脸的油灰。他转头瞧见科蒂克,竟被惊得面如土色,开始喃喃祷告起来。"别碰他,帕特拉蒙。我打小就没见过白色的海豹,说不定是老扎哈罗夫的鬼魂变的,他在去年的一场大风暴中失踪了。"

"我不会靠近的,"帕特拉蒙说,"他看起来很不吉利。你真觉得他是老扎哈罗夫吗？我还欠他一些海鸥蛋呢。"

"别看了，赶紧把那群四岁的海豹赶回去。村里的男丁们今天本来要剥出两百张海豹皮，但今年的生产季才刚开始，他们又是新手，一百头就可以了。动作快些！"克里克催促道。

> 从克里克淡定、冷漠的话语中可以看出残害海豹对他来说如同家常便饭。

帕特拉蒙走到海豹群面前，拿出一副海豹的肩骨敲打起来。海豹们听后仿佛中了邪，一个个浑身僵硬，噗噗地喷着粗气。随着他一步步向前逼近，海豹们开始挪动，克里克见状就去了前头。他们就这样跟着他向陆地深处走去，对身后的同伴没有丝毫留恋。四周成千上万的海豹，冷眼看着同类被带走后，继续嬉闹。科蒂克是唯一一只对此有疑问的海豹，但他的同伴都说不出个所以然来，只知道人类每年都要花上六个星期到两个月，用那种方式赶走一批又一批海豹。

"我要跟上去看看。"他拖着鳍肢跟了上去，眼珠盯得几乎要蹦出来了。

"那头白海豹就在后面。"帕特拉蒙叫着说，"单独跟到屠宰场来的海豹，还是头一次见。"

"嘘，别回头！"克里克提醒道，"他就是扎哈罗夫的鬼魂！我得去找祭司说一说。"

去屠宰场只有半英里的路，但走到那儿要花一个小时,因为克里克知道,海豹走太快的话,他们的身体会发热,剥皮时毛发会一块块地脱落,影响品相。所以他们走得十分缓慢,一路上经过"海狮岭"、韦伯斯特家,最后到达索尔特家,而海滩上的海豹是看不到这里的。科蒂克气喘吁吁地跟在后面,小小的脑袋里满满的疑惑。他以为自己走到了世界的尽头,但身后海豹育儿场传来的吼声听起来如同火车穿过隧道时的呼啸一般响亮。克里克一屁股坐在苔藓上,抽出一块沉甸甸的锡表,让奔波了一路的海豹们缓上三十分钟,降一降体温。科蒂克离得很近,近得仿佛能听到雾气凝结成的露珠沿着克里克的帽檐滴落的声音。不一会儿,又有十一二个人走了过来,手持三四英尺的长棍,外边包着铁皮,脚上穿着用海象喉间的软皮做成的厚重靴子。被驱来的海豹群里有一两头被同伴咬伤或体温过热的,克里克拿手指了指,几个人便一脚把他们踹到旁边。"动手吧!"克里克话毕,这群人便抡圆了棒子,用最快的速度猛击海豹们的脑袋。

　　十分钟后,小科蒂克的朋友们就已经面目全非,他们的皮,从鼻子到后鳍整个儿被迅速剥了下来,一张张地掼(guàn)在地上,堆成了一座小山。科蒂克终于看不下去了,转头就跑,飞快地逃向大海(海豹可以在短时间内快速冲刺一段距离)。科蒂

> 再次强调了人类的残忍、自私和麻木。

克满脸的惊恐,新长出的胡子根根倒竖。在"海狮岭",身形硕大的海狮们正躺在海滩,他一头扎进冰凉的水里,剧烈摆动着身子,痛苦地喘着气。

"什么东西?"一头海狮语气粗暴地问道,因为他们很排外,一般都不允许其他动物进入自己的领地范围。

"我没有朋友了!一个都没有了!"科蒂克喊道,"他们正在屠杀海滩上所有的年轻海豹!"

海狮转头扫了一眼内陆,张嘴骂道:"胡说八道!你的朋友们还是和以前一样啰唆。老克里克扒豹皮的营生,想必是被你发现了,他都干了三十年了。"

"太可怕了!"科蒂克回话时,一个浪头扑了过来,他往后划着水,奋力扭动鳍肢以稳住身形,好不容易在离参差嶙峋的礁石边缘不到三英寸的地方站定。

> 英美制长度单位,1英寸约合2.54厘米。

"你这一岁的小屁孩水性不错嘛!"海狮夸道,对于游泳好手,他素来不吝赞美。"我想,从你的角度出发,这件事确实相当可怕。但是,你们这些海豹年年都来,人类自然会知道,除非能找到一个人类从未涉足的岛屿,否则你们就会一直被赶去剥皮。"

> 故事开始发生转折。

"难道就没有这样的岛吗?"科蒂克问道。

吉卜林

"我追了二十年的大比目鱼都没有见过这样的岛屿。但我发现你好像很喜欢和长辈们说话，建议你去一趟海象岛，找西维奇聊一聊，他或许会知道些什么。小家伙别急着跑啊，还没说完呢！从这儿游过去要六英里，换我的话，不如先上岸小睡一会儿。"

✏️ 海豹心急如焚，通过海狮的话表现出来。

科蒂克觉得他说得没错，于是绕了一大圈游回自己待的海滩，拖着身子爬上岸，睡了半个小时，睡着时浑身一抽一抽的，这是和其他海豹一样的毛病。睡醒后，他便径直游向海象岛，那地方其实是一处低矮的岩石小岛，差不多位于诺瓦斯托什纳的正东北方向。岛上岩层密布，礁石嶙峋，海鸥巢随处可见，海象在此生活着。

西维奇是一头上了年纪的北太平洋海象，外表十分丑陋。他体形肥大臃肿，满身疙瘩，脖子又粗又大，两根獠牙又尖又长，除了睡觉时间，平日里脾气极差。小科蒂克就在他身旁近了岸，而他当时恰巧在睡觉，一半尾鳍正泡在海浪里。

"快点醒过来！"科蒂克大声呼喊着，因为海鸥们实在是太聒噪了。

"哈！哦！嗯？什么情况？"西维奇说着，用獠牙捅醒了旁边的同伴，他同伴又弄醒了另一只，就这样一个传一个，所有海象最后都醒了过来。他

63

们四下张望了半天,愣是没看见科蒂克。

"嗨!我在这儿!"科蒂克一边随海浪上下浮动,一边打着招呼,好似一只白花花的小鼻涕虫。

"老天爷呀!还是剥了我的皮吧!"西维奇埋怨道。正如你想的那般,所有海象都盯上了科蒂克,就像俱乐部里挤满了一群昏昏欲睡的老绅士,集体看着那个搅了他们清梦的小男孩。科蒂克真的不想再听到类似"剥皮"的字眼,于是便大声问道:"有海豹能去,但人类从没去过的地方吗?"

"自己去找!你走吧,我们忙着呢!"西维奇说完便合上了眼皮。

科蒂克像海豚一样跃出水面,用最大的嗓门喊道:"你就是个吃蛤蜊的!就是个吃蛤蜊的!"他知道,西维奇一副不好惹的样子只是徒有其表而已,他这辈子都没抓到过一条鱼,平日里只会挖蛤蜊和海草填肚子。果不其然,擅长起哄的北极鸥、三趾鸥和海鹦们纷纷抓住机会,开始煽风点火。利默申告诉我,在后面将近五分钟的时间里,哪怕有人在海象岛上放枪,你估计都听不到,因为所有的鸟都在那儿大呼小叫:"吃蛤蜊的老家伙!"西维奇气得直哼哼,不由得一阵咳嗽,咳得满地打滚。

"现在你该说了吧?"科蒂克气喘吁吁地问。

"去问海牛吧,如果他还活着,应该会告诉你

✏️ 一段对鸟类的生动的描写,将鸟类挖苦海象的场景表现得活灵活现,增加了故事的感染力。

的。"西维奇没好气地答道。

科蒂克准备离开，他回过头又多问了一句："要是碰上了海牛，我怎样才能认出来？"

"他是海里唯一一个长得比西维奇还要丑的家伙，比这老家伙更寒碜、更不讲究！"一只北极鸥尖声尖气地回复道。

寒碜，指丢脸，不体面。

科蒂克游回了诺瓦斯托什纳，只剩下海鸥们在岛上吵嚷不休。他发现，自己为同伴寻找安乐窝的小小尝试没有得到一丝一毫的同情。他们告诉他，人类一直以来都在驱赶年轻海豹，这是司空见惯的事，俗话说眼不见心不烦，如果不想自寻烦恼，就别去屠宰场瞎晃悠。因为其他海豹都没有见过血腥的杀戮场面，这便造成了科蒂克与他们之间的认知分歧。此外，科蒂克还是一只白色的海豹。

听完儿子的冒险故事，海叉戟开口说道："好好长大才是你要做的事。成为一头像你爸这样的大海豹，在海滩上抢到一处生儿育女的地方，这时候，人类就不会来打扰你了。再过五年，你就可以为自己而战了。"贤妻良母的马特卡也是同样的看法："你永远无法阻止人类的杀戮。去海里玩一会儿吧，科蒂克。"于是小家伙去跳"海火舞"了，但小小的脑袋里满是大大的忧愁。

借海豹之口说出人类对海豹的屠杀、对自然环境的破坏，也表现了海豹对人类屠杀海豹的行为无能为力。

那年秋天，他早早离开海滩，独自踏上了旅

程。他脑袋里始终萦绕着一个念头：它要去找海牛，如果茫茫大海里真有这么一号人物的话。此外，他还想去找一处宁静祥和、没有人类的海岛，上头要有坚实的海滩供海豹们落脚。于是他便单枪匹马地从北太平洋出发，游了整整一天一夜，历程三百英里，最终到达了南方海域。他这一路上惊险重重，危险不计其数，他先后侥幸躲过了姥鲨、斑纹鲨和锤头鲨的追捕，在海上遇到过各种到处游荡、品行卑劣的恶棍，当然也碰到了身形笨重但彬彬有礼的大鱼，还有一群长着猩红色斑点的扇贝——他们几百年都不挪窝，而且自我感觉非常好。然而，他既没见到海牛，也没能找到一处心仪的海岛。

有的海滩其实很不错，地面很坚实，而且滩后的斜坡还可以供海豹玩耍，但在这样的地方，地平线上总会冒出一艘捕鲸船，船上正熬着鲸油，远远望去浓烟滚滚。科蒂克自然知道这代表了什么。他也发现了一些海豹踏足过的岛屿，但他们都被杀光了。科蒂克知道，人类只要光顾过一次，就必定会来第二次。

他找了一只上了岁数的短尾信天翁问路，老人家告诉他，凯尔盖朗群岛正是一块清净太平的好去处。当科蒂克到达的时候，那儿风暴正盛，雨雪肆

✎ 从侧面说明了人类的贪得无厌。

虐，电闪雷鸣。黑漆漆的悬崖陡岸好似邪恶的噬人怪物，他几乎一头撞上去，差点粉身碎骨。然而，当他顶着恶劣的天气游过风暴区后，他发现这里曾经也是一处海豹繁育场，和之前去过的其他岛屿一样。

利默申列了一长串的岛屿名称，他说，科蒂克除了每年在诺瓦斯托什纳休息的四个月，其余时间都会去各地探索，而且持续了整整五年。休假期间，他和他想象中的岛屿，已然成了岛上青年海豹之间广为流传的笑柄。他登上过加拉帕戈斯群岛，虽然位于赤道海域，但岛上干燥得有些可怕，他在那儿差点被晒死。他还去了乔治亚群岛、奥克尼群岛、翡翠岛、小夜莺岛、高夫岛、布韦岛、克罗泽群岛，甚至还到过好望角以南一个丁点儿大的小岛。然而每到一处，他从海里的居民们口中得知的消息都差不多：那些岛上以前都有海豹，但都被人类杀干净了。他从高夫岛返回的路上一度横跨数千英里，游到了太平洋海域之外的一个叫作科连特斯角的地方。他在一块礁石上发现了几百只长了疥癣的海豹，但他们说，这个地方人类也来过了。

科蒂克几乎心灰意冷，最后沿着合恩角黯然返回了诺瓦斯托什纳的海滩。在归途中，他发现一个绿树成荫的小岛，登岸后遇上了一只老态龙钟、行

✏️ 白海豹科蒂克不仅有勇敢的心，更有持之以恒的信念，有没有人理解，有没有人支持，他都不在乎。

✏️ 突出人类对海洋涉足之广，手段残忍。

将就木的海豹。科蒂克好心给他抓了鱼,并把所有伤心事都一股脑儿说了出来。"我打算现在就回诺瓦斯托什纳,哪怕和其他年轻海豹一起被赶进屠宰场,也无所谓了。"科蒂克沮丧地说。

老海豹说:"再试一次吧。我是已消失的马萨弗拉海豹栖息地最后的幸存者,在人类成百上千地大肆屠戮我们的日子里,海滩上有传言说,终有一天,一只白色海豹会从北方赶来,把族人带往一处安宁的乐土。我老了,等不到那一天了,但其他海豹还有机会。所以,何不再试一次?"

> 老海豹对没有人类涉足的净土的美好向往给了白海豹希望。

科蒂克翘了翘自己的漂亮胡子:"在出生在海滩上的所有海豹中,只有我是白色的,在所有黑色和白色海豹中,只有我一直在想着寻找新的岛屿。"

> 说明白海豹的特殊性,他有着其他海豹没有的责任心。

老海豹的话令他颇为振奋。那年夏天,当他再度回到诺瓦斯托什纳后,母亲马特卡开始劝他娶妻成家,早日安定下来,因为他不再年轻,已经是一头成年的"海洋猎手"了。他肩上长出了一层卷曲的白色鬃毛,同他父亲一样沉稳高大、威风凛凛。"再给我一年时间吧。妈妈你还记得吧,在海滩上冲得最远的,永远都是第七波海浪。"

幸运的是,一只雌性海豹也有推迟一年成家的打算,双方因此一见如故,科蒂克便在离家的前一天晚上，请她去卢坎农海滩跳了一整夜的海火舞。第二天，他又独自踏上了旅途。这是最后一次探险了，他决定一路向西，他在路上恰巧发现了一大群比目鱼的踪迹，而他每天至少需要吃掉一百磅的鱼，才能保持充沛的体力。他持续追逐着鱼群，累了就蜷起身子，躲进涌向库珀岛的海浪里，躺在涛谷间美美睡一觉。他对附近的海岸了如指掌，到了午夜时分，如果感觉自己轻轻撞上了一片海草床，他便会嘟囔一句："嗯，今晚的潮水还挺大。"说罢，先在水下翻个身，慢慢睁开眼睛，再伸伸懒腰驱走睡意。刚做完起床仪式，他突然像受惊的猫一样跳了起来，他看到一些巨大的影子出现在浅滩上，正沿着茂盛的海草床边缘，拱头拱脑地啃草。

"麦哲伦海峡的巨浪啊！"他的胡子都立了起来，然后自言自语，"这些家伙到底是谁呀？"

他们既不像科蒂克之前见过的海象、海狮和海豹，也不像熊、鲸、鲨鱼和其他鱼类，鱿鱼或扇贝就更不用说了。他们身长在二三十英尺之间，没有后鳍，但长着一条铲子似的扁尾巴，看起来像是用湿皮革削出来的，脑袋在科蒂克见过的所有生物中是长得最愚蠢的。不吃草的时候，他们会垂着尾巴并扬起前鳍，以便在深水里保持平衡，好似一群挥

> 英美制质量或重量单位，1磅约合0.45千克。

> 《爱丽丝梦游仙境》中的人物。

> 英美制容量单位（计算干散颗粒用），1蒲式耳约合35升。

着手的胖子在郑重其事地向彼此躬身行礼。

"嗯哼，先生们用餐愉快！"科蒂克尴尬地打了个招呼，大家伙们则挥动着前鳍，像青蛙仆人一般朝他躬身致意，然后继续大快朵颐。科蒂克发现，他们的上嘴唇分成了两半，可以张开一英尺左右，一开一合之间就能扯起整整一蒲式耳的海草，接着再吞进嘴里咀嚼。

"这吃相也太……"话音未落，他们又鞠起躬来，"赏心悦目了！"科蒂克有些不耐烦，"就算前鳍碰巧多长了一节，也没必要如此炫耀吧。看诸位用餐之际都不忘彬彬有礼地弯腰行礼，请问能否告知姓名？"他们那三瓣嘴不停蠕动着，一双双晶莹的绿眼睛瞪着，但就是不说话。

科蒂克很无奈："在我见过的动物里，你们是唯一一群长得比西维奇还要丑的，而且比他更不讲究。"

他刚说完，脑子里猛然记起来，自己去海象岛的时候，有只海鸥尖声尖气地描述了海牛的特点。于是他便扑通一声跳回水里，他终于知道，这群只会闷头吃东西的家伙就是海牛。

海牛们还在不紧不慢地大口吃着海草皮，科蒂克用上了他在前几次旅行中学会的各种语言，不停地向他们问这问那。海里的居民千千万，它们的语言可不比人类少。但海牛还是沉默不语，因为它们天生失语。海里的居民们说，它们的脖子本应有七块骨头，但现在却少了一块，同伴间甚至都无法用语言沟通。但正如你所知，它们的前鳍上多长了一个关节，可以通过上下左右摆动来回复消息，类似一种不太灵活的电码。

和他们沟通了一夜，一点有用的信息都没得到。待天亮后，科蒂克的鬃毛根根竖直，就像吃了一堆死螃蟹，心态已然崩溃。海牛们进食完毕，慢悠悠地向北而行，路上时不时停下来相互鞠躬，打着滑稽的手语开会。科蒂克跟在后面，自言自语地说："像他们这样的蠢家伙，如果没有安全的岛屿当庇护所，早就被抓干净了。海牛眼里的好地方，对海豹来说也不会差。话虽如此，但愿他们能游得快些。"

对科蒂克来说，跟着海牛的节奏赶路是一件相当心累的事情：他们始终都在沿着海岸走，每天的行程至多不过四五十英里，晚上还得停下来吃东西。科蒂克在他们周围无聊地绕着圈，一会儿游到他们头顶，一会儿又游到他们身下，不论怎么折腾，都无法让他们快上哪怕半英里。海牛们就这样慢条斯理地向北远去，每隔几个钟头就停下来鞠躬开会。科蒂克耐心全无，急得都快把自己的胡子咬

> 说明安全岛屿必然存在，让白海豹的信念更为坚定。

诺奖作家给孩子的阅读课·亲近自然

✏️ 白海豹的迫切达到顶峰，为安全岛屿的出现做铺垫。

光了，但他后来发现，海牛正顺着一股温暖的洋流前行，这才对他们高看了几分。

一天晚上，海牛们像石头一样纷纷沉入闪闪发光的水下，随后便开始加速前进。自从跟随他们以来，这种情况还是头一遭。科蒂克跟在后面，他们的速度令他刮目相看，因为他做梦也没想到，原来海牛也是游泳好手。前方，一片海岸逐渐进入视野，岸上有一处悬崖，一直绵延到了深水里，海牛们径直朝那边游去，然后钻进了位于悬崖底部、距离海平面二十英寻的一个深洞。洞穴很长很长，海牛们在前面带路，科蒂克紧跟着穿过了幽深的隧道，一口气憋得够呛。

"我的天哪！"他浮上了隧道远端的开阔的水面，一边大口喘气，一边说道："潜了这么长时间，可把我憋坏了，但确实来对地方了。"

这片海滩美得无与伦比，令科蒂克大开眼界。海牛们已四散开来，开始在沿岸的浅水里懒洋洋地啃草。海边的岩石被磨得滑溜溜的，一路绵延数英里，做海豹的育儿场是再好不过了。岩石后面还有一片斜着伸向内陆的坚实沙地，海豹们可以尽情地踏着浪卷跳舞。沙地上野草丛生，又恰恰满足了他们恣意打滚玩耍的需求，而且还有好几座可供他们爬上爬下的沙丘，简直是完美的游乐场。最令科蒂

72

吉卜林

克满意的是，<u>他在海水中没有发觉人类的气息，而作为一名真正的海洋猎手，任何异样都不可能骗过他的感知。</u>

    首先，他亲自确认在此处捕鱼并非难事，之后便沿着海滩游了一圈，低矮沙岛在滚滚海雾中若隐若现，他沿途数了个遍，看得心旷神怡。再往北游上一段距离后，他看到一长排的沙洲、滩涂和礁石横贯在海面上，把人类的船只永远挡在了离海滩六英里开外的水域。这里岛屿林立，和大陆之间是一大片深水区，一直延伸到了垂直的悬崖边，而隧道的入口就在这片悬崖下的某个位置。

    "比诺瓦斯托什纳要好上十倍。"科蒂克评价道，"海牛一定比我想象的要聪明。任何人类到了这儿，也没办法从悬崖峭壁上下来，远处礁石遍布的浅滩也会把他们的船磕成碎片。要说海上有什么安全的去处，那一定就是这里了。"

    他开始想念那头出发前在家乡和自己跳了一整晚海火舞的海豹，<u>虽然急着回到诺瓦斯托什纳，但它还是把这片全新的乐土彻底勘察了一番，免得回家后接不住同伴们抛出的各种问题。</u>

    他潜入水中，再次穿过隧道，确认好入口的位置后便快速南下返回。除了海牛和海豹，谁也不会想到，大海上竟存在着这么一处世外桃源。科蒂克

✏️ 间接说明白海豹通过历练，已经成为一头成熟干练、经验丰富的海豹。

✏️ 白海豹的心细表明白海豹充满责任心。

73

回头观望时，他几乎不敢相信，自己就是从那片悬崖底下钻出来的。

虽然速度不慢，但他还是花了六天才到家。他刚在海狮岭登岸，便率先遇到了一直在等他归来的那头雌海豹，雌海豹从他的眼神中看出，他终于找到了理想的岛屿。

科蒂克把自己的惊天发现告诉了年轻海豹、父亲和其他所有同伴，但被他们当成了笑话。一只和他年龄相仿的海豹说道："科蒂克，你说得固然很好，但是你不能因为只身去了一趟几乎没人知道的地方，就直接命令我们离开这里。要记住，我们在这儿的每一处育儿地盘都是靠自己打架打出来的，而你从来都是置身事外，毕竟你更喜欢做个海中浪子。"

其他海豹听后又是一番嘲笑，这头年轻海豹趁势扭起脑袋。他今年刚结婚，又抢到了一处育儿窝，正是春风得意时。

科蒂克回答道："我本来就不打算抢什么育儿窝，只是想带你们去一处安全的地方，打架有什么用呢？"

"哦，如果你想当缩头乌龟，我自然无话可说。"年轻海豹嗤笑一声，那副表情要多可恶有多可恶。

> 说明海豹有着强大的惰性，不敢去尝试新事物，所以才会对科蒂克冷嘲热讽。

"要是我赢了，你就和我走一趟！"科蒂克眼里闪过一道光芒，火气骤然上涌，看来这场架是不得不打了。

"很好！"对方一脸不在意："你赢了，我就跟你去。"

科蒂克以迅雷不及掩耳之势一头扑向对方，猛地将牙齿顶进了对方颈间的肥肉里，没有给他任何反悔的时间。接着他纵身倒退，把对手拖至海滩，卡着他的脖子一通乱甩，然后将其打翻在地。科蒂克对着海豹群咆哮道："在过去五年里，为了你们，我已经尽了最大的努力。我给大家找到了一处非常安全的岛屿，除非把你们那愚不可及的脑袋从脖子上拧下来，不然你们都不会相信我。我现在就给你们好好上一课，都给我小心点！"

利默申告诉我，每年看大海豹打架的次数没有一万也有八千，但像科蒂克那样直接冲进育儿场挑衅的场面，却是生平仅见：只见他径直扑向附近能找到的最大个儿的海豹，一口咬向对方喉咙，死死掐住后再连冲带撞地一顿猛揍，待对方哼哼唧唧地开口求饶，便一把把他扔到旁边，继续寻找下一个倒霉蛋。科蒂克可不像其他大海豹那样，每年都要四个月不吃不喝地守着海滩上的地盘，而且长期的深海之旅又让他保持着完美的状态。另外，最重要

吉卜林

要说服海豹，只能用海豹认同的方式，突出了其他海豹的不屑和愚蠢。

75

的一点是，正所谓"初生牛犊不怕虎"，他以前从来都没打过架，动起手来自然毫无顾忌。他那卷曲的白色鬃毛因愤怒而根根直竖，眼睛红得都快冒出火来了，巨大的犬齿泛着森森寒光，看上去真叫一个气势汹汹。他在海豹群中横冲直撞，把那些毛皮已然斑白的老海豹像比目鱼一样拖来拽去，又将一些年轻海豹打得四仰八叉。老父亲海叉戟见状，连忙大吼一声："你爹或许是个傻瓜，但也是海滩上最能打的！儿子啊，我来帮你了！可别把老爹我也打了！"

科蒂克咆哮着回应了一声，老海叉戟翘起胡子，像火车头一样喷着粗气，摇头晃脑地闯了进去，而马特卡和那只即将嫁给科蒂克的雌海豹则缩在一旁，一脸倾慕地看着自己的男人在海豹群里大展神威。这场架打得精彩绝伦、无可挑剔，因为但凡有海豹敢抬头，爷俩就会好好请对方吃一顿拳脚。等把所有海豹都打服了，父子二人便放声大吼，再次警告一番，然后肩并着肩，摆出一副检阅战俘的架势，大摇大摆地在海滩上来回晃悠。

到了晚间，天空中极光乍现，透过雾气望去，苍穹熠熠生辉。科蒂克爬上一块光秃秃的岩石，俯看着海滩上零零散散的育儿场和那些被揍得头破血流的海豹，不由得说道："现在嘛，我还真给你们

> 白海豹如此勇猛，也是白海豹具有责任心的表现，他想带海豹们去一处安全的岛屿，所以他不想，也不能被打趴下。

好好上了一课。"

"我的天哪！"海叉戟一边说，一边强撑起身板，因为他被狠狠地揍了一顿。"就算是虎鲸亲自上阵，也不可能把他们教训得这么惨。儿子啊，爸爸真为你骄傲，而且，如果真有你说的那个岛的话，爸爸决定要和你同去。"

"你们都给我听好了！谁要跟我去海牛的隧道？赶紧答话，不然再教训你们一遍！"科蒂克大吼着问道。

"我们都去，我们将追随白海豹科蒂克的脚步。"海豹们有气无力地答道，好似海岸上潺潺的潮水声。

科蒂克缩回脖子，满意地闭上了眼睛。此时此刻，他早已不是一身白了，从头到尾完全被血色所浸染。虽然浑身是伤，但他却懒得看，更懒得摸。

一周之后，科蒂克亲率"大军"（将近一万只年轻海豹和老海豹），向北方的海牛隧道进发，而留在诺瓦斯托什纳的海豹则说他们是傻子。然而等到第二年春天，当双方在太平洋的捕鱼场相遇时，跟着科蒂克的海豹们就讲起了海牛隧道那头的新世界。自此以后，越来越多的海豹离开了诺瓦斯托什纳。当然了，完成这等大事并非一日之功，因为海豹们都不太聪明，脑子需要转很长时间才能想明

烘托出海豹打架的惨烈场景，也反映出白海豹的勇猛以及要带族群去安全岛的强烈决心。

白,但离开诺瓦斯托什纳、卢坎农和其他育儿场,来到静谧且隐蔽的海牛隧道的海豹则是一年多过一年。科蒂克整个夏天都待在那里,体形一年比一年魁梧、丰满、壮实,而年轻海豹们就在科蒂克周围玩耍嬉闹,在这片没有人类干扰的水域里怡然自得地生活着。

阅读小助手

作者通过描写白海豹为拯救海豹族群所做出的各种努力,塑造了白海豹勇敢、坚毅、负有责任心的英雄形象,同时也写出了人类对海豹生存环境的破坏。

作者通过整个故事,表达了自己对人类破坏生态环境的愤怒,也通过美好结局,表达出自己对没有杀戮的理想化的生存环境的美好向往。

吉卜林

莫格利的兄弟们

戴贤丰/译

蝙蝠芒格将黑夜偷偷放走，
雀鹰兰恩又把它带回了家。
牛群进了栅栏和棚屋，吓得瑟瑟发抖，
黎明到来前，森林就是我们的天下，尽管纵情玩耍。
这是彰显力量与荣耀的时候，
尖牙和利爪，已然蓄势待发。
啊，听听那些号呼不止的野兽！
愿它们在丛林法则的指引下，将猎物顺利捕杀。

丛林夜歌

下午七点，夜幕缓缓降临西奥尼的群山，一股暖意开始在空气中缓缓流淌。狼爸爸从白天的酣睡中苏醒，他搔了搔自己的毛皮，打了个哈欠，缓缓伸开脚掌，试图驱散留在爪尖上的睡意。狼妈妈还没起，四只幼崽围着她那灰扑扑的大鼻头翻来滚去，吱吱地叫个不停。他们的住处是一个山洞，

✏️ 这段描写俏皮生动，狼爸爸的动作相当于人类伸懒腰。

此时正值明月初升，皎洁的清辉照进了家门。"嗷呜！"狼爸爸嚎了一声，"又到狩猎的时候了。"狼爸爸正准备跳下山时，一个尾大身小的影子倏地出现，一进门便张嘴道："祝您好运，我的狼头领！愿您那优秀的孩子好运常伴，个个都有一口坚固的白牙，更不会忘记照顾世上像我这样终日食不果腹的可怜人。"

这位不速之客叫塔巴基，是一头只会刨食残羹剩饭的豺。在印度生活的狼根本就看不起他，因为这家伙不光到处惹是生非、挑拨离间，还经常去村中的垃圾堆里扒拉碎皮烂革填肚子。但他们又有些怕他，因为塔巴基比丛林里的任何居民都更容易发疯，虽然平日里胆小如鼠，谁都不敢得罪，但犯起病来就会变得天不怕地不怕，一个劲儿地在森林里横冲直撞，逢人就咬。他一旦发疯，就连老虎都要退避三舍，因为在野生动物眼里，得疯癫病可是最不光彩的事了。这种一边发疯一边乱跑的症状，被森林的居民们称为"妄臆症"，即人类口中的"狂犬病"。

✏️ 突出塔巴基的性格特征：会溜须拍马的恶棍。

"好吧，让你进来看一眼好了。"狼爸爸冷冷地说道，"我这儿没什么吃的。"

"一根干骨头，在狼的眼里自然是没啥嚼头，但对于我这样的可怜家伙，就是开了顿大荤。我们

吉卜林

这样的破落户有什么资格挑三拣四呢？"塔巴基说罢，便迫不及待地跑进了山洞深处，捡了根还带着些肉末的雄鹿骨头，坐在那儿津津有味地顺着一头咔咔地啃了起来。

"谢谢您的款待，"他舔着嘴唇说，"您孩子血脉高贵，长得又俊！个个乖巧玲珑，还正是朝气蓬勃的年纪！真是的，真是的，差点忘了，狼大王的孩子自打出生起就能独当一面。"

众所周知，在别人家做客时最忌讳的事，莫过于把主人家的孩子夸上天。塔巴基自然是揣着明白装糊涂，但看到狼妈狼爸一脸不自在的表情，心里就十分高兴。

塔巴基不声不响地地坐着，对自己的这一手绵里藏针回味了好一会儿，继续不怀好意地说道：

"希尔汗大王要换狩猎场。他告诉过我，下个月就会来这边山里打猎。"

✎ 引出希尔汗，让故事走向矛盾与冲突。

希尔汗是一只大老虎，住在二十英里外的维贡嘎河附近。

"凭什么？"狼爸爸很生气，"根据丛林法则，未提前示警，他无权改换地盘。他会把方圆十英里内的所有猎物都吓跑的，而且这几天我得打到双份的猎物才能维持一家老小的温饱。"

"他妈妈给他取名'朗格里（跛子）'可不是

81

无缘无故的。"狼妈妈平静地说，"因为一条腿天生残疾，所以他只杀人类豢(huàn)养的家牛。瓦因冈加村的人现在都对他恨之入骨，他就只能来我们这儿捕食。等这儿的村民被激怒，开始搜山的时候，他又脚底抹油溜得远远的。人们遍寻不着他便会放火烧山，我们不得不带着孩子逃跑。的确，希尔汗这家伙，我们真得好生感谢他一番！"

✏️ 将塔巴基卑鄙无耻、到处惹是生非的形象塑造得淋漓尽致。

"要不要我代为传达一下你们对他的感激之情？"塔巴基问道。

"滚出去！"狼爸爸厉声说道，"滚去帮你主子打猎吧。今晚你干的缺德事儿还少吗？"

"我这就走，"塔巴基脸不红心不跳，"你们听听动静吧，希尔汗就在山下的灌木丛里。早知道就不告诉你们了。"

狼爸爸竖起耳朵，一阵干巴巴的哀鸣从下面山谷里的一条小河边传了过来，听上去刺耳又单调，还带着些许愤怒和无奈。不言而喻，这头老虎一无所获，就算让整个丛林的居民都知道也无所谓了。

"愚蠢！"狼爸爸戏谑道，"晚上的狩猎才开始就这么瞎闹腾！他以为我们这片林子里的雄鹿和瓦因冈加村那些被养得脑满肠肥的阉牛一样吗？"

✏️ 为莫格利的出现做铺垫。

"嘘！"狼妈妈插嘴道，"今天晚上他要抓的不是家牛，也不是鹿，而是人。"

吉卜林

　　夫妇二人说话之际，那阵哀鸣逐渐变成一种嗡嗡的咕噜声，似是从四面八方传来。这种声音足以把风餐露宿的樵夫和吉卜赛人吓得慌不择路，他们有时甚至能直接撞到老虎嘴边。

📗 形容旅途或野外生活的艰苦。

　　"人？"狼爸爸露着一口森森白牙说道，"呸！水塘里的甲虫和青蛙不够他填肚子吗？非要在我们的地盘上吃人！"

　　所有丛林法则都不是无故产生的，其中一条便是禁止任何野兽吃人，除非是给自家孩子教授猎杀技巧，但只能在自己族群或部落的狩猎场范围外进行。其真正的原因在于，一旦吃了人，迟早会有人骑着大象端着枪，再带上成百上千的同类，持着锣鼓和火把造访森林。到那时，丛林里的所有居民都会倒霉，而野兽内部给出的理由则是：人是所有生物中体质最弱、最缺乏防御手段的，抓他们是一种相当没规矩的行为。野兽们还言之凿凿地说，吃人不仅会长疥癣，而且牙齿还容易脱落。

✏️ 交代不能吃人的原因——人类的反击十分可怕。

　　山下的咕噜声越来越大，最后于一道洪亮的"啊呜"声中结束，这是老虎进攻的号角。

　　希尔汗接着又是一声吼叫，但是霸气全无。"他没成功，"狼妈妈说道，"下边到底发生什么事了？"

　　狼爸爸朝远处跑了几步，只听到希尔汗在灌木

83

丛里乱滚乱撞，嘴里呼哧作响，声音分外可怕，好像在发泄怨气。

狼爸爸嗤笑道："那个没头没脑的傻大个儿，十有八九是直接跳进了樵夫的篝火堆里，把脚给烧了，塔巴基和他在一块儿呢。"

"有东西正往山上来，"狼妈妈耸了耸一只耳朵，提醒道，"赶紧戒备。"

> 狼妈妈的警惕性很强。

灌木丛里传来一阵阵细碎的响声。狼爸爸伏下身子，正准备扑过去。这时候，如果你在场的话，就会看到世上最不可思议的动作——一头狼硬生生地在半空中止住了身子——他还没看清目标就跳了出去，发现情况不对后又试图让自己停下。在旁人看来，他猛地蹿出四五英尺高，然后又几乎落回了原地。

"居然是人！"他厉声说道，"快看，是一个人类小孩！"

一个深色皮肤、一丝不挂的小娃娃活脱脱地站在了他的面前，手里抓着一根短小的树杈，似乎刚学会走路。这个软乎乎、脸上酒窝浅浅的小东西居然在大晚上跑进了狼窝，他抬头看着狼爸爸的脸，笑了起来。

"那是人类的幼崽吗？"狼妈妈好奇地问，"以前从来没见过，领来给我看看。"

84

吉卜林

　　如果必须换地方的话，叼着孩子搬家是成年狼的必备技能。用嘴叼起一颗蛋而不碎，对他们来说根本就是小菜一碟。狼爸爸把人类娃娃叼回了山洞，放在自家幼崽的窝里，虽然咬着孩子的后背，但没有让他受到一丝一毫的擦伤。

　　"好小啊！别看他光溜溜的样子，胆子还挺大！"狼妈妈温柔地说。小家伙正忙着往狼崽堆里挤，一个劲儿地钻向狼妈妈温暖的肚皮。"哎哟，他还抢咱孩子的奶吃呢！原来人类的幼崽就是这样的啊。你以前有没有听哪只狼炫耀说自己收养过人类幼崽？"

　　"我偶尔听说过几次，但我们族群里从未发生过，至少我就没见过。"狼爸爸回答道，"他身上一根毛都没有，我明明一爪子就能拍死他，但你瞧瞧，他却抬头看着我，愣是不怕我。"

　　外面的月光突然被挡住，希尔汗将他那硕大的方形脑袋连着肩膀一起挤进洞口，塔巴基在他身后尖声叫嚷着："我的主人，我的主人，他跑到这里来了！"

　　"希尔汗大驾光临，令寒舍蓬荜增辉。"狼爸爸嘴上客客气气，但眼睛里却怒意十足，"请问希尔汗有何贵干？"

　　"我的猎物，一只人类幼崽往这边跑了，"希

🖉 表现狼妈妈的温柔，和后文狼妈妈对待希尔汗的凶狠形成对比。

📖 谦辞，表示由于别人到自己家里来或张挂别人给自己题赠的字画等而使自己非常光荣。

85

尔汗说道，"他父母都逃掉了，快把他交给我。"

不出狼爸爸所料，希尔汗确实蹦到了樵夫的篝火上，他烫伤了脚，疼得几乎要抓狂。狼爸爸知道，洞口太过狭窄，老虎根本进不来。希尔汗就这么伸着脑袋，即便再怎么扭动肩膀和前爪，试图把洞口撑开，也终究是徒劳无功，就像把人塞进木桶里打架一样。

"狼是森林里的自由民，"狼爸爸说道，"我们只听狼群首领的命令，而不是你这个空有一身虎皮却只会杀家牛的家伙。那只人类幼崽是我们的，就算要杀，决定权也在我们手上。"

"我管你们杀不杀！别拿决定权之类的废话来搪塞我。凭我杀公牛的本事，难道还不能进你的狗窝，要回本来就属于我的那份猎物吗？在问你话的可是我希尔汗！"

老虎闷雷般的吼声在山洞里轰隆作响。狼妈妈将身上的幼崽抖落，一步跳上前去，双眼冒着绿光，就像黑暗中蓦然出现的两轮月亮，她怒目圆睁地盯着希尔汗那双凶焰滔天的眼睛。

"我拉克沙（恶魔）现在就告诉你：那只人类幼崽是我的！你这只跛脚虎给我听好了，他已经归我了，你休想杀掉！他将跟着我们狼群一起在丛林里奔跑和狩猎。看看你，不是抓光屁股的

✏️ 希尔汗因为人类篝火伤了脚，他不敢对成年人类表示愤怒，却对狼和人类幼崽表现自己的凶猛，作者成功塑造出一个欺软怕硬的老虎形象。

吉卜林

人类小孩，就是拿青蛙和鱼来填肚子，还有什么拿得出手的本事？终有一天，你会成为他脚下的猎物！现在滚吧，不然就让你尝尝我杀黑鹿的手段（我从来不吃饿死的家牛），让你这只被火烧的丛林畜生变得比从娘胎里出来的时候更瘸！还不赶紧滚！"

狼爸爸目瞪口呆地看着妻子放狠话。他差点忘了，狼妈妈当年在狼群里可是个狠角色，"恶魔"的称号可不是空有其名，而自己则是通过公平竞争，一连击败五位对手后才最终赢得了她的芳心。希尔汗知道，自己对阵狼爸爸或许可以不落下风，但却受不住狼妈妈的进攻，因为她在洞里占尽了地利，真动手的话，她必定会以死相拼。于是他只能咆哮着退出洞口，确定狼妈妈不会跟出来搞偷袭后，才敢回头吼道：

"狗嘛，只在自己的地盘上叫得凶！你就养着他吧，我倒要看看，狼群里会有什么说法。这只人类幼崽本来就是我的，他终究会死在我的嘴下，你们这些大尾巴狼都是窃贼！"

狼妈妈气喘吁吁地躺在小狼崽中间，狼爸爸一脸严肃地说道：

"希尔汗说得没错，我们得把人类幼崽带给狼群看看。孩子他妈，你真的想留下他吗？"

✏️ 既想展现自己的威风，又胆小怕事，突出了希尔汗的虚伪狡诈。

"当然要留！"她喘着气回道，"他大晚上光着屁股跑到咱家来，无依无靠还饿着肚子，却一点儿都不害怕！你瞧瞧他，咱的一只崽子都被挤到旁边去了。那只瘸腿的家伙只会杀了他，然后溜去瓦因冈加，但当地村民们为了报仇，会把我们这儿所有的兽穴都翻个底朝天！留下他？那是肯定的呀。躺着别动，你这只小青蛙。哦，莫格利哟，我要叫你小青蛙莫格利，今天希尔汗把你当成了猎物，但总有一天，他会成为你的猎物。"

"可狼群那边会怎么说呢？"狼爸爸有些担忧。

丛林法则明确规定，任何狼在成家后就能退出原来所属的狼群。但是，待幼崽长到可以自行站立的程度，父母则必须将其带回狼群，参加每个月圆之夜都会召开的族会，以便把孩子介绍给族里的其他成员认识。验明正身后，幼崽们就可以自行活动，在亲自抓到第一头雄鹿前，族中的成年狼不能以任何借口对他们痛下杀手，犯事者但凡被找到，一律杀无赦。你只要花一分钟时间想一想就会明白，这条规矩定得相当有必要。

等幼崽们稍稍能跑了，狼爸爸就在开族会的那天晚上，带着自己的孩子、莫格利和狼妈妈前往"族会岩"——一处巨石遍布、可以容纳上百只狼

> 表达了狼妈妈对人类小孩极高的期望，也反衬出对老虎希尔汗的厌恶。

藏身的小山顶。一身灰毛的孤狼阿克拉，凭借其强悍的身体力量和狡猾的头脑，统领着整个狼群。他整个儿趴在自己的那块岩石上，下首坐着四十多只狼，体型和毛皮各不相同，既有毛色似獾、可以单独对付一头雄鹿的老猎手，也有浑身黑毛、自认可以独当一面的小狼。孤狼阿克拉已经当了一年的头领，他年轻时曾两次落入捕狼陷阱，有一次甚至被打得奄奄一息，然后又被丢在原地等死，因而对人类的行为习惯了如指掌。族会岩上，群狼大多沉默不语。当爹妈的则围坐成一圈，幼崽们就在中央互相翻来滚去地玩耍。一头老狼会时不时地悄悄地走到某只小崽子身边，仔细观察一番，然后又轻手轻脚地返回自己的座位。

> 说明统领狼群必须具备的能力，也与后文阿克拉老去的情景形成强烈对比。

有时候，母狼还会把幼崽推到远处的月光下，以确保它不会被大家忽略了。阿克拉在他所处的岩石上高声喊道："你们知道规矩——你们知道规矩的。好好看啊，狼族的子民们！"焦虑不安的母狼们这时便会应声呼喊："看啊——好好看啊，狼族的子民们！"

轮到狼妈妈的孩子接受检查时，她紧张得脖子都炸毛了。狼爸爸把"青蛙莫格利"（大家都这么叫他）推到了中间，他就笑呵呵地坐在那儿，开始玩起月光下闪闪发光的鹅卵石。

89

阿克拉搭在脑袋上的爪子从始至终都没抬起来，只是用毫无波澜的语气发话道："好好看一看！"话音刚落，一阵低沉的吼声突然传出——原来是希尔汗在岩石后面号叫："人类幼崽是我的，快把他给我！你们是森林里的自由民，留下这只人类幼崽，到底要干什么？"阿克拉连耳朵都没动一下，只撇下一句话："伙计们啊，给我好好看一看呐！一个外来者，当着我们这些自由民的面大呼小叫地发号施令，到底是要干什么？好好给我看一看吧！"

✎ 写狼对希尔汗话语的赞同，为希尔汗诱惑群狼埋下伏笔。

狼群们齐声低嚎，一头四岁的青年狼捡起希尔汗的话头，对着阿克拉又重复了一遍："我们是森林里的自由民，要人类幼崽干什么呢？"就现在这种情况，依据丛林法则的规定，如果对幼崽被狼群接纳的权利有任何争议，除了父母之外，至少要有两位参会者站出来替他说话。

"谁愿意为这只幼崽说话？"阿克拉问道。"自由民中有出来说话的吗？"底下鸦雀无声。狼妈妈做好了最坏的打算，因为她知道，一旦为此事打起来，这将是她生命里的最后一场战斗。

这时，唯一一个被允许参加狼群大会的外族动物——巴鲁，用两条后腿站了起来，咕哝着表示有话要说。他是一只昏昏欲睡的棕熊，平日里专门给小狼崽教授丛林法则。老巴鲁德高望重，可以随意出入狼族领地，因为他只以坚果、树根和蜂蜜为食。

"人类幼崽——那是人类幼崽？"他说道，"我想替这孩子说几句话。人类幼崽是无害的。我没什么语言天赋，只会实话实说。让他跟狼群一起驰骋森林吧，和其他狼崽们一起生活，我会亲自教导他。"

"还差一个，"阿克拉说，"巴鲁说话了，它是狼崽们的老师。除了巴鲁，还有谁想发言？"

一抹黑影闪过，黑豹巴希拉径直落在了狼群中。他通体漆黑如墨，但在特定光线的照射下，身上的斑点就像波纹绸上的图案一样活灵活现。在场的诸位都认识巴希拉，却又不想和他有太多交集，因为论狡猾程度，他不亚于塔巴基，脾气堪比野牛，冲动又大胆，而且行事向来肆无忌惮，好似一头受伤的疯狂大象。虽然性格很不讨喜，但他的嗓音却如同树上滴下来的野蜂蜜一般柔滑，皮毛比羽绒还要绵软。

"啊，阿克拉，还有你们这些自由民，"他说道，"我本无权参加诸位的集会，但根据丛林法则，如果对一头新生幼崽的问题无法做出判决，且在死刑又不适用的情况下，只要肯付出一定代价，

> 日后，在莫格利的丛林生活中，棕熊巴鲁和黑豹巴希拉给予了他很大的帮助，与他亦师亦友。

他的命是可以被买下来的，至于什么人可以买他的命，法则里并没有明确规定，我说得对吗？"

"说得好！说得太好了！"青年狼一阵欢呼，因为他们总是饥肠辘辘。"我们听巴希拉的，这只人类幼崽可以高价买到，这是法则规定。"

"我虽然在这儿没有话语权，但请诸位允许我继续发言。"

"你说吧。"有二十位听众叫嚷道。

"首先，杀掉一只光溜溜的幼崽是一种相当可耻的行为。此外，他长大后说不定会帮你们更好地狩猎。巴鲁已经帮他说了话，现在，我要再加一头公牛来支持巴鲁的辩词，只要诸位愿意在丛林法则的规定下接受这只人类幼崽，在下便把刚捕到的肥牛奉上，就在离此地不到半英里的地方。这样的条件，想必诸位不难接受吧？"

话毕，底下不少听众纷纷吵嚷道："有什么关系呢，他可能会被冬日的大雨冻死，或是被夏天毒辣的太阳烤干。一只光溜溜的青蛙对我们有什么害处呢？让他跟着狼群一起驰骋森林吧。公牛在哪儿呢，巴希拉？我们同意接受他。"阿克拉又发出一阵低沉的狼嚎："好好看看——好好看一看，我狼族的成员们！"

狼群一只接一只地轮番检视莫格利，但他却

> ✎ 先说出人类幼崽可能会给狼群带来的好处，再许给狼群一些好处，将巴希拉的严谨和智慧展现出来。

吉卜林

浑然不觉，依然兴致勃勃地玩着地上的鹅卵石。最后，除了阿克拉、巴希拉、巴鲁和莫格利一家，众狼都下山去找巴希拉杀的那头牛了。夜已深，希尔汗仍在骂骂咧咧地嚎个不停，狼群没有把莫格利交给他，他心里十分窝火。

"哈，嚎得可真不赖！"巴希拉抖着胡子说道，"迟早有一天，这个赤条条的小东西会让你换一副调子吼的，如果我错了，说明我对人类还是知之甚少。"

"做得很好，"阿克拉接着说，"人类和他们的孩子都很聪明，到时候他或许能帮到我们。"

✏️ 为后文的故事埋下伏笔。

"确实，在需要的时候帮上一把就好，因为没有谁能在头领的位置坐一辈子。"巴希拉说道。

阿克拉沉默不语。他在想，力量耗尽、身体越发虚弱，直到被狼群杀死，新领袖借此横空出世，待他年老力衰后就会面临这样的结局，这是每个族群的每一代首领都逃脱不掉的宿命。

"把他带走吧，"他对狼爸爸说，"把他教成像我们狼族一样的自由民。"

就这样，凭借巴鲁的口头支持以及巴希拉送出的一头公牛，莫格利有惊无险地加入了西奥尼狼群。

✏️ 承上启下，莫格利的生命被保住，接下来是关于莫格利的故事。

此后的整整十年或十一年，关于莫格利在狼

93

群中度过的各种美好岁月,你只能靠自己的想象力去脑补了,因为如果全写出来的话,至少得好几本书。莫格利和狼崽们一起长大,当然了,狼崽们成年的时候,他的年龄都还没达到幼童的标准。狼爸爸将一身本事倾囊相授,教他解读丛林里各类事物背后隐藏的含义,直到他能够从草丛的每一阵沙沙作响、夜幕降临后从温暖的空气里传来的每一次呼吸、猫头鹰在他头顶上发出的每一声啼叫、蝙蝠挂在树杈上休息时的每一下抓挠,以及小鱼在池塘里每一次跳跃溅起的水花声中分辨出各种信号,就像精明的商人一般,看一眼客户的办公室就能分析出很多信息。不学习的时候,他便会坐在外面边晒太阳边打盹儿,饿了就吃,吃完再接着睡。当他觉得身上脏了或热了,就去森林的池塘里游一圈;当他想吃蜂蜜了(巴鲁告诉他,蜂蜜和坚果是同生肉一样美味的东西),就去树上找。巴希拉总会躺在树枝上朝他打招呼:"小老弟,上这儿来。"再顺便教他爬树的本事。莫格利起初只会像树懒一样紧紧抱住树枝,后来便能像灰狼一样,壮着胆子在树枝间跳跃着辗转腾挪。再后来,他在狼群的族会上也有了一席之地。他在开会的时候发现,如果目不转睛地盯着某只狼,对方就会被迫垂下眼睛,于是便经常以此取乐。平日里,他都会帮朋友拔掉

> 表明狼对人类的惧怕,哪怕对方是一个未成年人。

吉卜林

扎进肉垫里的长刺，因为狼对钩在自己皮毛上的荆棘和芒刺压根就束手无策。在夜里，他还会下山前往人类的田舍，好奇地观察住在棚屋里的村民，但他并不信任人类，因为巴希拉给他看过一个方形盒子，盒子里有一个类似闸门的装置，被十分巧妙地藏在了丛林里。巴希拉说过，这东西是一种陷阱，他曾经差点就踩中。他最喜欢干的事就是和巴希拉一起走进温热且幽深的森林腹地，白天昏昏沉沉地睡大觉，晚上起床看巴希拉捕猎。巴希拉饿了便会猎杀猎物，莫格利也有样学样，但有一种动物却不在他们的菜单里。等莫格利再长大一些，开始懂事后，巴希拉告诉他，永远不要打家牛的主意，因为有一头公牛付出了生命的代价，才换来了狼群对他的接纳。"整片丛林都对你敞开着大门，"巴希拉说道，"只要你足够强壮，任何猎物都能捕到，但你的命是用一头公牛买下的，所以无论小牛还是老牛，你绝对不能杀，更不能吃，这就是丛林法则。"莫格利无比忠实地听从了巴希拉的告诫。

    通过巴希拉对莫格利的告诫，说明巴希拉是懂得知恩图报的。

随着时光的流逝，莫格利一天比一天强壮，而且在不知不觉间学到了很多东西。但他脑子里除了吃，就没有别的事情可想。

狼妈妈告诉过他一两次：希尔汗不值得信任，而且总有一天，他必定要手刃这头害兽。若是一只

95

小狼崽的话，它或许能时刻谨记长辈的忠告，但莫格利却忘得一干二净，毕竟他还只是个孩子——虽然即便能说任何一种人类的语言，他也会毫不犹豫地自称为"狼"。

莫格利总是会在丛林里碰到希尔汗。因为头领阿克拉已然日渐老迈，身体每况愈下，狼群中的一些小年轻便开始和这头瘸腿老虎称兄道弟，在它屁股后面捡漏，吃些残骨碎肉。如果阿克拉威势尤在，他绝对不会允许这种情况发生。希尔汗还借机挑拨说，他想不通，这么一群优秀的年轻猎人怎么能心甘情愿地被一头垂死的老狼和一只人类幼崽牵着鼻子走呢？"我听说了，"希尔汗说道，"在族会上，你们都不敢和他对视。"青年狼听完个个儿火冒三丈，纷纷炸毛，不服气地嚎叫起来。

✏ 巴希拉提醒莫格利，但莫格利仍不将希尔汗的危害放在心上。

巴希拉的耳目遍布森林各处，听到一些风声后，他不止一次地明确提醒莫格利：希尔汗迟早会来杀你。但莫格利却笑着答道："我有狼群，我还有你。巴鲁虽然很懒，但帮我的忙想必也不成问题，所以我有什么好怕的呢？"

在风和日丽的某天，森林里暖洋洋的。巴希拉正好想起先前听到的一些消息，可能是豪猪伊基告诉他的，心中便有了一些打算。当时莫格利跟着他进了丛林深处，小家伙的脑袋正靠在他的漂亮皮毛

吉卜林

上打盹儿，他对莫格利说道："小老弟，希尔汗可是你的死对头，这事儿我跟你说过多少次了？"

"好多次呢，就像棕榈树上结的果子那么多，"莫格利回答说，他自然是记不清楚的，"那又如何？我正犯困呢，巴希拉。希尔汗也就只能拿他的长尾巴和大嗓门吓唬人——跟孔雀马奥一个样儿。"

"但现在不是睡觉的时候，这件事巴鲁知道，我知道，狼群也知道，即便是呆头呆脑的鹿都知道，塔巴基也告诉过你。"

"呵呵！"莫格利说道，"塔巴基不久前找过我，上来就粗话连篇，说我是个光屁股的人类幼崽，都没资格挖花生。我就一把抓住他的尾巴，往棕榈树上抡了两下，让他知道了什么叫礼貌。"

"以后别做这样的蠢事，塔巴基虽然是个讨厌鬼，但还是可以从他嘴里知道一些和你密切相关的消息。千万睁大眼睛啊，小老弟。希尔汗虽然不敢在丛林里直接杀你，但要记住，阿克拉年纪不小了，等他都没力气杀雄鹿的时候就会失去头领的位置，这一天很快就会来临，而你第一次被带上族会已经是很久以前的事，当时在场的很多狼虽然认同了你的身份，但他们都在老去。狼群里的年轻一代又被希尔汗怂恿，都觉得一个人类男孩不配待在族

✏️ 狼群即将改朝换代，莫格利也将面临即将到来的危机。

97

中，而且用不了多久，你就要长大成人。"

"为什么长成大人后就不能和兄弟们一起在森林里驰骋了呢？"莫格利问道，"我在丛林里出生，遵守丛林法则，还帮族里的每只狼拔过脚掌上的刺。毫无疑问，他们都是我的兄弟！"

巴希拉将身子伸直，半闭着眼睛说道："小老弟，过来摸摸我的下巴。"

莫格利举起粗壮的棕色手臂，朝着巴希拉光滑的下巴处伸去，乌亮的毛皮下全是圆滚滚的大块咬肌，但他却摸到了一块小小的秃斑。

"丛林里谁都不知道，我，巴希拉，身上会有这么个记号，这是项圈留下的印痕。所以，小老弟，我是在人类世界里出生的，我母亲也死在了那儿，就在乌德波尔王宫的笼子里。正因如此，我才在狼群族会上用一头牛为代价将你救下，那时你还是个浑身光溜溜的小崽子呢。是的，我也是在人类世界里出生的，我以前从未见过森林。他们把我关起来后，用铁锅喂我，直到有天晚上，我突然想明白了：我可是巴希拉，是一头黑豹，不是人类的玩物。于是，我一爪子拍碎了那把中看不中用的锁，趁机逃了出来。因为学了一些人类的手段，所以我回到丛林后，反而成了比希尔汗更加可怕的存在，不是吗？"

✏️ 莫格利越是这样与狼群的感情深厚，未来他被迫离开狼群时越令人伤感。

吉卜林

"说得对，"莫格利说，"整片丛林的动物都害怕巴希拉，除了莫格利。"

"哦，因为你本来就是人类的孩子，"黑豹万分温柔地说道，"就像我回归丛林一样，你迟早也是要回到人类世界中的，回到你真正的兄弟们身边，如果你最后能在狼群族会上活下来的话。"

"可是为什么——为什么他们都想杀我呢？"

"看着我，"巴希拉说道，莫格利则目不转睛地盯着他。坚持了不到半分钟，大黑豹就败下阵来，把脑袋撇到了一旁。

"这就是他们想杀你的原因。"他一边说，一边用爪子摩挲着树叶，"连出生在人类世界的我都不敢和你对视太久，况且我是很喜欢你的，小老弟。其他动物之所以恨你，是因为他们的双眼压根儿就不能和你对视，而且你比他们都聪明，还给他们拔掉了脚掌上扎的刺——因为你是一个'人'啊。"

"我从没想过这些。"莫格利闷闷不乐地说，两条又黑又密的眉毛拧成了一团。

"忘记丛林法则是怎么说的了？狩猎的时候要先扑上去，然后再吼出来。正是你的毫不在意，他们才抓住了你身为'人'的弱点。但你得放聪明些，因为我心里清楚得很，阿克拉猎起鹿来一次比一次费劲了，等他下次捕猎彻底失手的时候，狼群

道出莫格利被憎恨的原因，也说明莫格利与希尔汗和狼群之间必然发生冲突。

99

✏️ 多亏了巴希拉的急中生智，想到了用人类的办法应对局面。

就会开始和他对着干，你也会成为众矢之的。到那时，他们便会在'族会岩'再次召开丛林大会，然后——然后——我知道了！"巴希拉兴奋得跳了起来。"你快去山谷那边，到人类居住的棚屋附近采些他们种的红花，到时候说不定就能成为一股比我和巴鲁还要厉害的助力，快去把花采来。"

巴希拉口中的红花其实就是"火"，只是丛林里没有生物能说出它真正的名字。森林里的每只野兽都对它怕到了骨子里，它们甚至为此发明了一百种描述方式。

"红花？"莫格利问道，"就是黄昏时分，开在他们屋外的东西？我这就去弄一些回来。"

"这才像句'人'话，"巴希拉骄傲地说，"记住，它们都长在小盆里，快去拿一个来，随身带好，以备不时之需。"

"好的！那我走了。我的巴希拉啊，你确定那东西有用吗？"他伸出胳膊，搂住巴希拉漂亮的脖子，郑重其事地盯着他的双眼问道："你确定这一切都是希尔汗在背后捣鬼吗？"

"用被我打坏的锁还有我的自由发誓，我说的千真万确，小老弟。"

"那么，以买下我的命的公牛起誓，希尔汗干的这些坏事，我要全部还给他，也许还得多还一点。"莫格利蹦蹦跳跳地离开了。

"终于有些'人'模'人'样了，这才是'人'该做的，"巴希拉自言自语道，随后又躺下了，"希尔汗啊，你也是昏了头，十年前的那次捕猎人类，是你犯的最愚蠢的错误。"

莫格利在森林里跑得越来越远，他拼了命地狂奔，心中火热无比。当暮霭升起之时，他来到了狼爸狼妈的山洞，在外面深吸了一口气，俯瞰着脚下的山谷。小狼崽们都出门了，洞穴深处的狼妈妈从他的呼吸声中听出些许不寻常，她知道，一定有什么事困扰着他。

"怎么了，儿子？"狼妈妈问道。

"<u>听到了有关希尔汗的一堆瞎胡扯。</u>"他回答道。"今晚我要去人们犁过的田地里打猎。"说完便一头扎进灌木丛，径直来到谷底的小溪边。他在那里停住了脚步，因为他听到了狼群捕猎的号呼，黑鹿被追杀的怒吼，以及雄鹿陷入绝境后转身负隅顽抗时喷出的鼻息。接着，青年狼们纷纷不怀好意地嚎叫起来："阿克拉！阿克拉！该你这头独狼大显神威了！给头领让出地方来！上啊，阿克拉！"

独狼跳了起来，但显然扑了个空，因为莫格利听到了阿克拉上下牙的撞击声，接着又是一声惨叫，黑鹿抬起前脚踢中了他。

> 为了不让狼妈妈担心，莫格利隐瞒了他将要做的事情，可以看出莫格利的善良。

莫格利不能再等了，他立即飞奔出去，等跑进村民们聚居的农田时，身后的嘶吼声已然越来越微弱。

"巴希拉说得没错，"莫格利跑到了一栋屋子旁，在窗户边上的家牛草料垛上舒舒服服地躺了下来，气喘吁吁地说道："对阿克拉和我来说，明天就是决定命运的日子。"

缓了一会儿后，他把脸贴在窗户上，望向壁炉里的火苗，只见农夫的妻子摸黑起身，给炉火喂了一些黑疙瘩。清晨来临，空气里白雾缭绕，透出丝丝寒意。这时候，他看见农夫的孩子拿起一个内里糊了泥的柳编篓子，将烧得通红的木炭块放了进去，用自己身上的毯子盖好后便端出了房门，转身朝牛棚走去。

"这么简单？"莫格利说道，"如果连小孩子都能做，那就没什么好害怕的了。"于是，他从屋外的角落里大步跨出，蓦地来到男孩面前，一把夺过他手中的篓子，随后便迅速消失在了晨雾中，男孩则被他吓得哇哇大哭。

"他们长得和我很像，"莫格利一边说，一边用起从农夫妻子那儿看来的法子，往篓子里不停地吹气。"如果不给它喂东西，这玩意儿会死的。"说完便往通红的炭块上扔了一些小树枝和干树皮。

> 出乎意料地；突然。

> 莫格利不惧怕火，而且很快就能运用火，正说明了他作为人类的能力。

吉卜林

他在半山腰遇到了巴希拉，它的皮毛上挂着滴滴晨露，像月光石一样闪闪发光。

"阿克拉捕猎失手了，"黑豹说道，"他们昨晚就想干掉他，但又想连你一起杀，这会儿正漫山遍野地找你呢。"

"我昨晚去了人类的田舍。东西都准备好了，看！"莫格利举着火篓子说道。

"很好！但我之前见过，人类往里面插了一根干树枝，只要一会儿，树枝那头就会开出红色的花来，你真的不害怕吗？"

"不怕啊，我为什么要害怕呢？我现在想起来了——如果不是做梦的话——我进狼族之前，曾在这些红花的旁边躺过，感觉很温暖，很惬意！"

莫格利一整天都坐在山洞里，照看着他的火篓子。他把一根根干枝伸进火炭里，观察它们燃烧的样子，最后总算找到了一根令他十分满意的树枝。到了晚上，塔巴基来到山洞传话，说狼群要他去"族会岩"开会，语气很不客气。<u>莫格利笑了，塔巴基却被吓得一溜烟跑了。</u>他随后便出发去了"族会岩"，路上依旧大笑不止。

🖉 反映出莫格利已经成长到让塔巴基害怕的程度。

孤狼阿克拉躺在他的岩石旁边，表明自己已然退位。希尔汗和一群跟在他身后捡漏的狼则大摇大摆地东游西逛，所到之处，奉承不断。巴希拉紧靠

103

> 老虎怕狼，说明了阿克拉壮年之时的勇猛和对狼群的统治力。

着莫格利躺下，火篓子被莫格利放在了双膝之间。众兽一到齐，希尔汗便直接开腔了——阿克拉壮年之时，他可没这个胆子。

"他无权发言，"巴希拉低声说道，"你就这么说。他是个狗崽子。他会害怕你的。"

莫格利跳起来喊道："狼族的自由民啊，希尔汗是狼群的头领吗？我们要选头领，他一只老虎来瞎掺和什么呢？"

"鉴于头领的位子已经空出，所以我是被邀在此讲话的。"希尔汗开口道。

"谁邀请的？难道我们都是豺吗，要去讨好这个只会杀家牛的家伙？狼群的领导权只能由狼群决定。"莫格利打断道。

"安静点，你这人类崽子！"

"让他说，又没违反我们的规矩。"

底下传来一堆叫嚷。最后，狼群中的长者们怒喝道："让'死狼'先说！"这一吼宛如惊雷，暂时镇住了场子。狼群首领无力捕猎后就会被称作"死狼"，虽然还活着，实际上是活不了多久的。

老阿克拉一脸疲惫地抬起脑袋：

"狼族的自由民啊，还有你们，希尔汗的狗腿子们，在过去十二年里，是我一直带着你们捕猎的，期间没有一头狼踩到陷阱或受伤致残。上次的

104

捕猎，我失手了。你们心里都明白，那就是一场精心策划的阴谋。你们知道如何把我引到一只年轻力壮的雄鹿跟前，然后借机暴露我的虚弱。这个局设得真巧妙啊。现在，你们终于有权在'族会岩'干掉我了。所以我想问一句，我这条孤狼的命，谁来取？但你们只能一个个地上，因为这是丛林法则赋予我的权利！"

众兽沉默良久，没有一只狼敢与阿克拉决一死战。希尔汗吼道："呸！别跟这头老掉牙的蠢狼一般见识，他必死无疑！而且这只人类幼崽的小命，我们也留得够久了。狼族的自由民啊，他一开始就是我的猎物，把他交给我吧。我们居然放任他这个不人不狼的家伙在丛林里折腾了十年，实在是荒唐，我已经受够了。快把小崽子交给我，不然我不会走的。我会把这里所有的猎物都吃光，一根骨头都不会留给你们。他是人，是人类的孩子，我对他恨之入骨！"

超过一半的狼纷纷号叫着附和道："他是人类！他是人类！人类和我们有什么关系？让他从哪儿来回哪儿去吧！"

"放他回去，好让所有村民都一起对付我们？"希尔汗嚷道，"不，把他交给我吧，因为他是人，而我们谁都不敢和他对视。"

> 一方面说明阿克拉余威犹在，另一方面说明跟随希尔汗的群狼都是贪生怕死、见风使舵的小人。

阿克拉再次抬头说道："他和我们同吃同睡，帮我们驱赶猎物，也从来没有违背过丛林法则。"

"此外，当年为了让他被狼群接纳，我付出了一头公牛的代价。那头公牛虽然价值寥寥，但我巴希拉会为自己的荣誉而战。"巴希拉用最温柔的声音说道。

"那是十年前的事！"狼群咆哮道，"十年前的几根破骨头，我们会在乎吗？"

"那你们是准备打破十年前根据丛林法则立下的誓约？"巴希拉龇着一口白牙问道，"自由民的称号，你们还真是当之无愧呀！"

"人类的崽子不能和森林的居民们一起生活，"希尔汗咆哮道，"快把他给我！"

"抛开血缘，从其他各方面讲，他都算得上是我们的兄弟，"阿克拉继续说道，"而你们却要在这里杀了他！正因为我活得够久，所以我听说，你们中的一些已经开始吃家牛了，还有一些听了希尔汗的蛊惑，竟敢趁着天黑跑去村民家门口抢小孩！我知道，你们都是夹着尾巴的胆小鬼，而我现在居然对着一堆胆小鬼浪费口舌，还真是可笑。我注定活不过今晚，我这条命自然也算不上什么，否则，我愿意用我自己来换那个孩子的命。但是，为了狼族的荣誉——现在首领的位置空着，所以你们就把

✏️ 阿拉克对群狼失望透顶，对希尔汗嗤之以鼻。

吉卜林

荣誉当成了一件无关紧要的小事——我保证，如果你们让这孩子回到他原本的家，在我死之前，不会对你们露出一颗獠牙。我愿意束手待毙，至少能帮狼群省下三条性命。我能做的就这么多，只要你们愿意，我可以帮你们免去无故杀兄弑弟的骂名——因为你们这位兄弟，可是完全遵照丛林法则，在族会参与者提供辩护支持以及支付了代价的情况下，被狼群正式承认的。"

"他是人类——是个人类——是一个人类啊！"狼群咆哮道。接着，他们中的大多数便开始朝希尔汗聚拢。这头瘸腿虎小人得势，开始得意扬扬地甩起尾巴。

"现在该你来收拾他们了，"巴希拉提醒道，"放手一搏吧，除此之外，我们别无选择。"

莫格利手持火篓子，直挺挺地站起了身，然后伸开双臂，当着参会众兽的面打了个呵欠，但他内心却是悲愤交加，他终于看透了什么是狼性：不到最后彻底撕破脸之时，他们对他的恨意，从来都不会透露一星半点儿。"都给我听好了！"他喊道，"我压根儿就不需要听你们在这儿狗叫。我是人类这一点，今晚你们已经重复了无数遍（事实上，只要能和你们在一起，我宁愿当一辈子狼）。我觉得，你们说的话都是认真的。所以，我再也不会和

🖉 十年或者十一年的时间，群狼都没有表露出对莫格利的恶意，而是等到老狼王失势后才发起攻击。这让莫格利对狼群产生了巨大的悲愤与失望，他帮助群狼捕猎，狼群竟没有得到一丝感激。

你们称兄道弟，我会像人类一样叫你们'傻狗'。你们想做什么，或者是不想做什么，可不是你们能决定的，我说了才算。为了让你们把状况看得更清楚些，我，身为一个人类，带了点狗崽子们避之不及的东西，就是我手里的'红花'。"

他一把将火篓子摔在地上，一簇干苔藓正好被滚出来的通红火炭给点着了，火焰骤然升腾，参会的群兽惊惧之下纷纷后退。

莫格利将之前挑好的枯枝插进火堆里，待末端的细碎枝干被点燃并烧得噼啪作响后，便将"火把"举过头顶，一圈圈地不停挥舞。狼群被他吓得畏畏缩缩，丝毫不敢上前。

"现在你就是他们的主人，"巴希拉低声说道，"快去救下阿克拉的命，他一直都是你的朋友。"

莫格利赤身裸体地站在狼群中，长长的黑发披散在肩上，于熊熊燃烧的火把映衬下，无数道影子从他的脚边伸展开来，在火光里跳跃着、抖动着。阿克拉这只硬骨头的老狼，一辈子从未摇尾乞怜，此时此刻，他看了一眼莫格利，目光里竟破天荒地带着一丝恳求。

"好！"莫格利一边回答，一边缓缓地环顾四周，"我总算看清了你们这群狗东西。我会离开你

✏️ 从头到尾，都是巴希拉这只森林里最有智慧的黑豹引导着莫格利，可以说巴希拉是莫格利成长路上的一位优秀的导师。

吉卜林

们，去找我的同胞——如果他们拿我当人看的话。丛林对我关上了大门，你们的陪伴，以及对我说过的话，我要统统忘掉，但我会比你们更仁慈，因为不论血缘，我还会把你们当兄弟！所以我保证，等回到人类世界长大成人后，我绝不会和你们一样，把兄弟出卖给人类。"他用脚踢散了火堆，火星纷飞，"我和狼群之间没有任何冲突，但我走之前，还有一笔债要收。"希尔汗就坐在不远处，此刻好像着了魔似的，正对着火光傻乎乎地眨着眼睛。莫格利大步流星走上前去，一把薅住它下巴上的一簇毛发，巴希拉紧随其后，以防意外发生。"起来，傻狗！"莫格利大喝一声，"人说话的时候给我站好了，不然就把你的毛烧掉！"

✏️ 虽然群狼伤了莫格利的心，但莫格利不准备出卖群狼，说明了莫格利的善良。

希尔汗的耳朵耷拉着，紧紧贴在脑袋上，眼睛也闭上了，因为那根燃烧的树枝近在咫尺。

"这家伙放话说要在族会上干掉我，因为当年我还是个幼崽的时候，他没能得手。所以，我现在就让大伙儿瞧瞧，我们人是怎样教训狗的！老瘸子听好了，胆敢动一下胡子，我就把'红花'直接捅进你的喉咙！"他抡起树枝，对着希尔汗的脑袋一顿猛抽。老虎发出了痛苦的呜咽和哀鸣，却丝毫不敢反抗。

✏️ 故事在此处达到高潮。

"呸！你这只被烧焦的丛林蠢猫——现在滚

109

吧！这次放过你，但给我记好，等下次我以人类的身份回'族会岩'的时候，我脑袋上一定会顶着你希尔汗的皮。其他家伙也给我记好，阿克拉可以随心所欲地自由生活，你们不得杀他，因为我不允许！我觉得你们也没必要继续坐在这儿，耷拉着舌头，装出一副煞有介事的模样，你们只不过是一群被我追着跑的狗而已——就像这样！都给我滚吧！"树枝末端的火焰仍在熊熊燃烧，莫格利在兽群里绕着圈左挥右舞，众狼被火星子点着了皮毛，纷纷痛叫着四散奔逃。最后只有阿克拉、巴希拉和大约十只狼留在了莫格利身边。这时，他的内心开始隐隐作痛，自出生以来，他从未如此伤心过。莫格利心痛得难以呼吸，他抽噎不止，泪水顺着脸颊流了下来。

"为什么？为什么啊？"他问道，"我不想离开丛林，我不知道这一切都是为什么。我要死了吗，巴希拉？"

"当然不是，小老弟，那只是眼泪，人类经常会流。"巴希拉安慰道，"现在我发现，你已经长大成人了，不再是小崽子了。从此以后，丛林确实对你关上了大门。让它们都流出来吧，莫格利，那只是眼泪而已。"莫格利坐着大哭起来，他以前从来都没有这样哭过。

> 莫格利越来越像个"人"，和丛林动物的差距越来越大，他只能离开丛林，回归人类世界。

他说："现在我打算回到人类世界，但我得先去跟妈妈告别。"他来到狼爸爸和狼妈妈住的山洞，趴在狼爸爸身上哭了起来，四只小狼崽也跟着哀号不已。

"你们不会忘记我吧？"莫格利问道。

"只要还能察觉到你的踪迹，我们就不会忘了你。"小狼崽们答道，"等你成为人类后，可以来山脚，我们会和你聊天的。等到了晚上，我们就去农田里找你玩。"

"早去早回！"狼爸爸说，"我聪明的小青蛙啊，早些回来啊，因为我们都老了，你妈妈和我已经老了。"

"早点回来看看，"狼妈妈补充道，"我光屁股的小儿子哟。听着，你虽然是人类的孩子，但我爱你胜过爱我自己的崽子。"

"我一定会回来的，"莫格利说道，"下次来的时候，我会把希尔汗的皮铺在'族会岩'上。可别忘了我啊！告诉森林里的居民们，永远不要忘记我！"

破晓时分，莫格利独自走下山坡，他已经准备好去会一会那些被称为"人"的神秘同胞。

尽管莫格利被迫离开森林，去过人类的生活，但仍然想跟森林居民的感情长存。

阅读小助手

莫格利在森林世界生活了十几年，却一直保存着心里的善良，和狼群无法改变的狼性形成鲜明对比。故事的最后，在人类的善良与狼群的狼性的对峙中，人类的善良与智慧获得了最终的胜利。

吉卜林凭借丰富的想象力，塑造出各具特色的森林动物，善良仁慈的狼爸狼妈、机智凶猛的巴希拉、正直的阿克拉、虚伪狡诈的希尔汗……同时，作者对森林环境和捕猎场景的细致刻画，更让森林世界变得活灵活现，使读者身临其境。

○ 作家档案

中 文 名：**福克纳**

外 文 名：William Faulkner

国　　籍：美国

出生日期：1897年9月25日

逝世日期：1962年7月6日

认识作者

　　福克纳，小说家。第一次世界大战结束后曾在密西西比大学学习，在学校里他开始创作诗歌、散文和短篇小说，有的被发表在学生刊物《密西西比人》上。结束密西西比大学的学习后，福克纳在一家书店做店员，期间他阅读了大量作品，并坚持创作，直到开始创作自己的"约克纳帕塔法世系"小说，走向创作高峰。

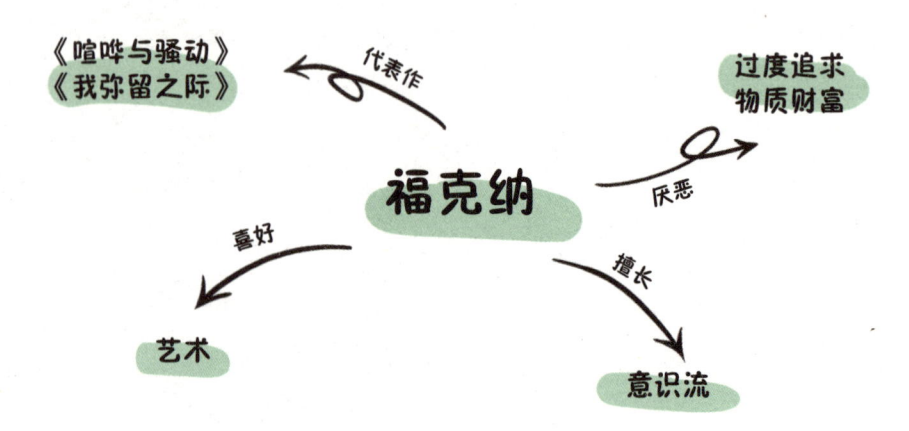

《喧哗与骚动》
《我弥留之际》 ← 代表作

过度追求物质财富 ↑ 厌恶

福克纳

喜好 ↓ 艺术

擅长 ↓ 意识流

1949年诺贝尔文学奖

获奖理由:
　　由于他对当代美国小说做出的强有力的和艺术上无与伦比的贡献。

创作风格

　　福克纳的作品风格千姿百态,对当代美国小说做出了强有力的和艺术上无与伦比的贡献。他作品中的意识流、多角度叙事、象征隐喻等手法和表现方式,使小说的结构细腻而复杂。他擅长意识流的表现手法,即经由梦魇、幻想、潜意识,着重刻画人物的内心世界和活动。而多角度的叙述方法则增强了作品的层次感和人物的真实感,让作品更具深度。

作文素材

　　清新的风从东南方吹来,使上空露出了一小块青天。越过小镇的树顶、屋顶与尖塔,可以看见阳光斜躺在小山顶上,像一小块灰白的布,正在一点点消隐掉。《喧哗与骚动》

　　时节已经到了夏末秋初,就像夕阳西下前的影子一样,秋天的凉意不可抗拒的提前投射到了夏天。秋天里即将逝去的夏日像块即将燃尽的煤块,闪烁着最后的光芒。《八月之光》

熊

张庆彬/译

他不到十岁时，这个故事就已开始。直到他终于迈入两位数的年龄，直到他第一次亲眼见到那个营地，故事才算真正展开。每年，他父亲和德斯班少校、康普森老将军都要去这个所谓的营地住一些日子，六月住两周，十一月再住两周。虽然他从未目睹过那只老熊，但他似乎也像大人们一样与那只传说中的熊有过交锋。那只因为陷入陷阱而伤残的老熊在一百英里范围内都名声显赫，就像是一个活生生的人有一个响亮的名字。

这些年来，他听过无数个关于这只老熊的传说：它怎么从仓库把囤积的玉米抢走，怎么把猪崽甚至小牛拖到树林里活生生地吃掉，怎么把陷阱和兽夹扯烂，又怎么把猎犬咬得皮开肉绽甚至当场丧命。还有传言说这只熊刀枪不入，即使用猎枪和步枪从正面射击，子弹也会像孩子们用竹管吹出来的豆子一样软弱无力。这些故事在他出生之前就已经流传了很久，他仿佛能看到在一条充满毁灭和破坏的道路上，一个毛茸茸的庞然大物缓慢而无情地

> 开头即点题，引出熊和森林的故事。

> 通过传言从侧面反映出这只熊似乎凶狠残暴。

福克纳

前行。

  所以，他虽然从未亲眼见过那只熊，却听闻过关于它的点点滴滴。他从未亲眼见过那片原始森林，却常常在梦中见到那个庞大的身影。它在森林里留下了伤残的痕迹，眼睛血红，也许它没有恶意，但却十分庞大。大到狗都不敢咬它，马都不敢追它，人也无法制服它，子弹对它毫无作用，大到让这片森林都显得狭小了。在他亲眼见到它之前，他用孩子们特有的直觉推测着这一切。他仿佛看到那片荒野被人们带着斧头和犁头慢慢侵蚀，注定要消失殆尽。那些彼此并不相识的人们对这片荒野充满畏惧，它是这样的荒凉。而在这片荒野上，那只老熊为它自己挣得了响亮的声誉，事实上，它已经不仅仅是一只普通的野兽，而是从消失的时代中遗留下来的不可控制、无法约束的异类，是这片荒野世界仍未消散的幽灵、象征和化身。在这里，微不足道的人们疯狂砍伐，厌恶又充满恐惧，就如同渺小的侏儒在疯狂砍伐沉睡巨象的脚踝一般。这只孤独而勇敢的老熊没有妻子，没有后代，仿佛超越了世间的生死，就像古老庄严的特洛伊国王一般，失去了王后和所有的子嗣，孑然一身。

  在他还只有十岁，还是个小孩的时候，每年十一月，一辆装满各种东西的大车就会开过来，有

> 🖉 由于听着熊的传言长大，在不知不觉中男孩与熊产生了某种连接。

> 🖉 这段描写表明男孩对熊是有敬畏之心的，同时对人类疯狂砍伐森林是不赞同的。

被褥、食物、猎枪和猎狗。他的父亲、黑奴吉姆、印第安人山姆·伐德斯（他是一个黑奴和印第安酋长的儿子）就坐在车上，前往杰佛逊镇与德斯班少校和其他人会合。在他八九岁的时候，他明白他们去"大洼地"并不是为了猎熊或猎鹿，而是为了每年和那只他们根本不可能捕猎成功的熊会面。每次在森林待上两周后，他们就会回来，没有带回任何猎物、兽头或兽皮，他也不再有任何期待。他从来没有想象过他们真的会把那只老熊捕回来。他觉得等他过了十岁之后，父亲会让他也跟着去那里待两周的时间。对他来说，这趟与熊的碰面就像是个观光旅行，像他父亲、德斯班少校和康普森将军这些年做的那样，他们带着不敢上前与老熊撕咬的猎狗，带着那些即使对着老熊也打不出血的猎枪，每年去参加这样的活动。

这是他来营地的第二周，他听到猎狗叫了起来。他和山姆靠在河边的一棵大橡树上。九天来，每天早晨，他们就在那里聆听猎狗的动静。他之前只听到一次它们的叫声，那是上周的某个清晨，起初是一种低沉的鸣声回响在湿漉漉的森林中，然后声音突然变得尖锐，可以听到很多不同的狗吠，他能够分辨出是哪只猎犬在叫。按照山姆的指示，他举起枪，拉开枪栓，静静地守在那里。此时，嘈杂

📝 在各种传说的影响下，他无比相信熊的强大，所以他才不担心熊会被捕回来。

福克纳

的狗吠声四处响起，又突然消失了。他感觉好像看见了一只鹿，一只灰黄色的公鹿飞快地跑过去，身子特别长，转眼间就消失了，只剩下树林里不断回响的狗吠声。

"关上枪栓吧。"山姆说。

"你知道它们不会来这边的，是吧？"他说。

"是的，"山姆说，"你要学会不开枪时的规范做法。很多时候，猎人和猎狗都是在猎物逃走后被自己的猎枪走火打死的。"

"好吧，刚才只是一只鹿而已。"

第十天的早晨，他再次听到猎狗吠了起来。这次他已经准备好了山姆教他使用的又长又重的猎枪。但这次的声音并不是一只鹿，也不是一群猎犬追逐猎物时发出的狗吠，而是有一些犹豫和自卑的叫声，缓慢悠长，好长时间才完全消失，只在空中留下了一丝轻轻的回荡，有点儿歇斯底里又似乎有点儿悲壮，完全不像是一只飞快奔跑的浅色食草动物。山姆过去教过他，打猎时先打开枪栓，找一个视野开阔的地方，保持冷静。山姆这时已经来到了他身边，安静地站着，呼吸平缓，鼻翼微微翕动。

"哈，"山姆说，"它不是在跑，它是在走。"

男主人公与熊的第一次未碰面的较量。没有正面描写熊的形象，反而通过孩子和山姆的对话突出熊的威名。

119

"是它，老熊！"男孩喊道，"它在这里！在这里！"

"它每年都会这样做一次，"山姆说，"它每年都会来看看今年哪些人来营地了，这些人猎枪用得好不好，来的猎狗里有没有敢和它撕咬的。它会把这些狗引到河边，然后就轰它们回营地。现在咱们也回去吧，待会就可以看见猎狗们回来时的模样了。"

他们回到营地的时候，十只猎狗已经被轰回来了，在厨房下面挤成一堆卧着。男孩和山姆蹲下身子，看见猎狗挤在黑暗里一动不动，眼珠子发着光，冷漠地看着他们。空气里弥漫着一种气味，不是猎狗的，比猎狗的味道强烈很多，甚至不像是动物的味道。但是没有人知道它们到底遇到了什么，那天上午的森林中只有尖厉的叫声和痛苦的狗吠，除此之外便是无边无际的荒野。所以，等到第十一只猎狗在中午时分遍体鳞伤地回来的时候，每个人都过来围观，连自称是营地大厨的阿西大叔也凑过来，看着山姆给那些猎狗揩拭被撕伤的耳朵和肩膀。直到这个时候，那个孩子还没有意识到老熊是怎样的存在，他认为只是这只傻狗自己在荒野里吃了些苦头。

"这些狗就像人一样，"山姆说，"就像人一

✏️ 通过对气味的描述，让熊的形象更为神秘、更为可怕。

福克纳

样硬撑着，它们只有到了山穷水尽的时候才会拼死一搏，来证明自己存在的价值，它们事先也知道，这样去拼命会有什么后果。"

下午，男孩和山姆骑着两匹骡子又出发了。他骑着一匹独眼的骡子，据说它完全不惧怕血腥味，也不怕熊。阴冷的冬天，天色很快就暗了下来，他们骑了三个小时，不走大路，很不起眼的小路也不走，最后来到一个完全陌生的地方。这时他才明白山姆让他骑独眼骡的良苦用心，因为它不怕血腥味。而山姆的骡子突然停了下来，山姆刚从上面跳下来，骡子就准备逃跑，它的嘴里和鼻孔不停喷着沫子，疯狂地想挣脱缰绳。山姆一边拉着它一边安抚它，慢慢向前走着。山姆不敢硬拉，害怕失控的骡子碰到孩子。

夕阳洒下金色的余晖，男孩和山姆站在一起，看着地上横着的圆木，上面全是锋利的爪子抓出的痕迹，旁边的泥土湿漉漉的，赫然印着一个巨大的只有两个脚趾的掌印。看到这些，他便知道早晨那群猎狗吓得躲在厨房的时候，空气中的气味是谁的了。现在他明白，他经常听到和梦到的这只传说中的熊——甚至他父亲、德斯班少校、康普森老将军小时候就经常听到和梦到的这只熊，他父亲他们每次打猎都没有捕杀它，并不是因为这只熊杀不死，

✏️ 前后呼应，熊的形象呼之欲出。

121

而是他们没有真的想去猎杀它。

"咱们明天再来吧。"男孩说。

"好，明天再来，"山姆说，"但我们缺一只好狗。"

"我们已经有十一只狗了，还不够吗，今天早晨它们还追捕了它。"

> "好狗一只就够了，"山姆说，"但我们没有这样的好狗，也许压根儿就不存在。现在，我们只能希望下次再碰到它的时候带着枪了。"

✎ 为后文出现小猎狗做铺垫。

"那我肯定碰不到了，"男孩说道，"可能是瓦尔特、少校，或者是……"

"也许就是你，"山姆说，"明天我们再来的时候，你要小心点。它之所以能活到现在，就是因为它非常聪明。要是它陷入了包围圈，它一定会选一个人作为突破口，在那种情况下，它会选择你。"

"怎么可能？"男孩问，"它怎么知道……"他顿了一下接着说："它又不认识我，它怎么知道我是第一次来打猎，知道我可能不……"他突然不再说话，看着山姆，老人的脸上露出了意味深长的笑容。男孩恍然大悟，谦卑地说："原来早晨它是来观察我的！它观察一次就足够了。"

第二天凌晨时分，他们便出发了。由于距离太

福克纳

远，他们和猎狗都乘坐了大车。他们来到了一个他从来没有到过的地方。山姆给他指定了一个地点，让他负责守好那里，然后就去了别的地方。他还是个孩子，猎枪对他而言有点儿太长了，而且这把枪并不是他的，是德斯班少校的，昨天他刚拿到，并朝着一棵树桩开了一枪，体验了一下后坐力，学习了如何装填子弹。此刻，他独自倚靠着一棵河边的树，黑色的河水从芦苇丛中流出，穿过一片空地，然后又消失在芦苇丛中。

他守的这个地方和过去十来天守的地方没什么差别，只有一些细微的不同：这个地方对他来说是完全陌生的。但上一次也是个陌生的地方，守了两周之后，他也慢慢熟悉了。这片森林如此荒凉，无论有多少人来过都改变不了它，人们并不能给自然留下任何痕迹。从山姆的印第安祖先拿着木棍、石斧或者绑着兽骨的弓箭在这里活动之时，一直到现在，这片森林的荒凉从未改变。但对男孩而言，有些变化还是发生了：他已经闻到了那群挤在厨房下面的猎狗惧怕的气味，看到了被撕破耳朵和肩膀的猎狗。昨天，他还看到了湿漉漉的泥土中，那赫然出现的巨大掌印。

所有的声音似乎都消失了，他听不到任何狗叫、鸟叫，全都不见了。他明白，老熊一定在某个

✏ 作者感慨自然的广阔和慷慨，也感慨人类的渺小和不自量力。

地方注视着他。他不熟悉它，不知道它到底会藏在哪个方向。他能做的就是死死抓住手中的猎枪，甚至都忘了把枪栓打开。慢慢地，他好像从自己的唾液中闻到一丝黄铜般的腥味，正是他昨天上午看那群挤在一起的猎狗时闻到的味道。

然后，老熊就离开了，就像它来的时候一样突然。他又开始听到各种声音响了起来，有啄木鸟梆梆的啄击声，还有猎狗的吠声。它们低声呜咽着，低沉又微小，可能已经叫了很久了，在空中不断飘荡，只是他没听到。猎狗们不知道在追什么，总之不是老熊，可能是另一只熊。山姆从芦苇丛中走了出来，昨天受伤的那只猎狗紧紧跟着他，十分安静。它蜷缩在他脚边，颤抖着看着丛林。

"我没看到它，"男孩说，"山姆，我没看到老熊！"

"我知道，"山姆说，"它在注视着我们，你是不是没听到它的声音？"

"没有，"他说，"我……"

"它太聪明了，"山姆说，"太聪明了。"那只受伤的猎狗蜷缩在山姆的脚边，浑身颤抖，被撕破的耳朵和肩膀上还渗着鲜血。山姆看着它说："老熊太大了，我们现在缺一只好狗。可能是下次，也可能是某一天，我们会找到的。"

✎ 写男主人公与熊的第二次未碰面的较量。仍然不从正面对老熊进行形象描写，反而烘托出老熊的强大。

✎ 缺一只好狗，设下悬念，后文会回答是什么样的好狗。

福克纳

我一定要见到老熊，男孩想，我一定要亲眼看到它，如果不见到它，这件事就算没完。他不想像那些大人一样，一次又一次地过来，一次又一次地离开，永远结束不了。他的父亲、年纪更大的德斯班少校和1865年就已经成为旅长的年纪最大的康普森将军，他们的渴望只能永远持续下去。他无法接受老熊和他像两个模糊的阴影栖身于一团混沌之中，时间从混沌中诞生，老熊随着时间摆脱了死亡的轮回，而他也在这时间中有了存在的踪迹，足够多的踪迹。现在他明白了，他之前闻到的猎狗身上那股气味以及他口水中的味道是什么。他辨认出了恐惧的气息。现在的他只有一个念头：我要见到老熊，既没有恐惧也没有期待，我就是要亲眼看到它。

> 作者终于揭示前文多次提到的气味是什么，那不是熊身上的气味，而是男主人公和猎狗面对熊时恐惧的气息。

时间过得飞快，转眼又是一年。男孩已经十一岁了。六月，大家又来到了营地，给德斯班少校和康普森将军过生日。少校和将军的生日其实分别在九月和冬天，但他们已经在营地待了两周，每天的生活就是钓鱼、打松鼠、打野鸡，到了晚上就带着猎狗追逐浣熊和猞猁。两个星期中，将军每天的生活就是坐在摇椅上，为大家烹饪铁锅炖菜。他一边搅拌一边吃着，同时还对阿西大叔说自己的烹饪方法才是正确的，他还不停地让吉姆给他倒威士忌喝。这些老练的资深猎手——少校、将军、男孩的父亲以及年轻的瓦尔特·尤威尔，都不屑于那些简单的捕猎了，他们打野鸡纯粹是因为打赌谁的枪法更准。

所以，包括男孩父亲在内的所有人一直以为男孩每天就是在捕猎松鼠，直到第三天，他甚至觉得山姆也会是同样的想法。每天早晨，吃完饭他就出发了。现在他已经拥有了自己的猎枪，是圣诞节获得的礼物。他找到小河边的那棵树，去年他就是守在那里，康普森将军给了他一个指南针，他已经学会了怎么在森林里探索。慢慢地，他已经成长为一个老练的猎人。第二天，他甚至一个人摸索到了上次他和山姆看见老熊巨大掌印的地方，那根布满爪痕的木头已经全部腐烂了，正在以难以置信的速度重新变成养分回归到哺育它的大地中。

现在，他正在独自探索，整个森林都是绿色的，却比十一月的灰色森林还要死气沉沉。树木生长得过于茂盛，就算是中午，阳光也无法穿透繁茂的枝叶洒下来。地面湿漉漉的，各种蛇爬来爬去，有长长的水蛇，还有恐怖的长满斑点的响尾蛇，它们与地面颜色差不多，很难发现。就这样，他在森林里找了一天又一天，回营地的时间越来越晚。第三天，他回去的时候天已经快黑了，山姆正在马厩

✏️ 男孩觉得自己已经长大，充满自信。

的围栏边上安顿马匹过夜。

"你找的方法还是不对。"山姆说。

男孩停住脚步，顿了一下，然后就平静地给山姆讲了起来。不过他一开口，就像溪水冲开了孩子垒的土坝一样停不住了："你说得对，可是我也不知道该怎么找。我去了河边，我还找到了上次咱们看见的那根木头，可是我……"

"你做的这些都很好，它可能一直藏在哪个地方观察你，你有没有发现它的脚印？"

"没有，"他说，"没见过脚印，我不知道为什么……"

"因为你身上有枪。"山姆平静地站在围栏旁边，淡淡地说道——这个印第安老人，工作服已经旧得褪色了，头上戴着五分钱的草帽，那是黑人被奴役的历史标志，现在反而成了他的自由勋章。天色已经暗了下来，营地慢慢隐入一片夜色之中。这个营地的房屋、仓库、马厩，都是德斯班少校在荒野中建造起来的，现在又慢慢地消失在这片苍茫的黑暗中。"原来问题是枪，"男孩想，"因为我带了枪。"

"你可以感到害怕，"山姆说，"这是正常的，但你不能因此产生恐惧。森林里的动物是不会伤害你的，除非你把它们逼得走投无路，或者让它

> 作者在此首次对勇敢这种品质进行探讨。借山姆之口告诉男主人公勇敢比武器更重要。

们发现你内心深处的恐惧。害怕是正常的，不管是勇士还是胆小鬼，见到熊或者鹿都会害怕的。"

"看来不能带枪了。"孩子想。

"带了枪你就见不到老熊，你得做出选择。"山姆说。

第二天一大早，天还没亮，阿西大叔还在厨房的地铺里呼呼大睡，做饭的灶火都没生的时候，男孩就又出发了。这次，他没有带枪，只拿了指南针和一根用来驱蛇的木棍。现在他已经很熟悉森林了，走一英里路都不用看指南针。中间，他在一根圆木上坐着休息，天色尚暗，甚至都看不清手掌和指南针。在这深沉的夜色里，森林发出各种各样的神秘气息，逐渐笼罩他，又慢慢地消失不见。过了一会儿，猫头鹰安静下来，其他沉睡的鸟儿慢慢醒来。他站了起来，继续向前赶路。他走路的声音很轻，连他自己都没有发觉，他已经成长为一个出色的森林猎人。

✏️ 描写男主人公的成长，他正在获得勇气所带来的能力。

太阳已经出来了，赶路的时候，他把一只母鹿和一只小鹿惊醒了。他看见它们在树林中飞奔，母鹿的白色尾巴在风里翘着，小鹿紧随其后，他第一次知道鹿可以跑这么快。他已经学会了正确的打猎方法，是山姆教给他的，要站在上风口。但是现在也没什么意义，因为他没有拿枪。这是他自愿的选

128

择，而不是一种捕猎的策略。他只想看到大熊，这就是他接受的条件。他放弃了对老熊的神秘幻想，放弃了平衡猎人和猎物的规则。他甚至感觉不到恐惧，即使他的身体，他的骨肉内脏都被恐惧占领、唤起关于恐惧的记忆，他也会保持坚强的、微弱的清醒。因为这份清醒，他才明白老熊和他的不同、和他在今后的人生中凭借勇气与本领捕到的其他熊或者鹿的不同。这是昨天晚上山姆在马厩的围栏边告诉他的。

> 男主人公逐渐掌握了勇气的秘密——勇气不是单独存在的东西，而是和恐惧共存，是在恐惧到来时仍能保持清醒的东西。

中午时分，他已经远远走过了那条小河，在一片完全陌生的区域停了下来。除了指南针，他还拿着爷爷留给他的那块厚重的老式银表。从早上离开营地到现在，他已经走了九个小时了，已经走得够远了，再过九个小时天就会完全黑了。但是他不担心这些，他思考的是现在该怎么办。他站在那里，在无边无际的绿色森林中，他显得那么渺小和孤寂。然后，他做出了选择，他要舍弃这九个小时里将他与外界隔离开的那三样无生命之物：银表、指南针、棍子。他小心地把银表和指南针挂在一棵树上，把木棍靠在旁边，然后独自走进了森林。

> 突出自然的广阔和人类的渺小。

在之前的两三个小时里，他已经开始放慢速度了，现在他走得更慢了。距离和方向并不重要，他慢慢走着，想围着挂表的树绕个大圈再原路返回。

这时他发现，他找不到那棵树了，于是他就按照山姆教他的方法做——向相反的方向再走个圈，这两个圈会在某处交叉，就可以找到自己来时的脚印了。这样做之后，他的确找到了一棵树，但并不是那棵树：树上没有银表，也没有指南针，旁边只有一根横着的圆木。所以，他只能做山姆教他的下一招，也是最后一招：坐下来。

他刚在圆木上坐下来，就看到了湿漉漉的地面上那只畸形的巨大掌印。他抬眼望去，突然间，整个森林的气息都凝固了——就在前方不远的空地上，赫然就是他一直在找的那棵树，树上的银表和指南针在一缕阳光的照射下熠熠闪光。紧接着，他就看见了老熊。说不清它到底怎么出现的，或者它本来就在那里，它一动不动地站在正午的阳光下，没有一丝风，繁茂的森林中只有炙热。它的体形似乎没有梦中那么高大，但还是超出了他的想象。老熊站在朦胧斑驳的阳光下看着他，他坐在圆木上，也看着它。

这时，老熊动了。它不慌不忙地走过空地，没发出任何声音。它穿过阳光走到空地的另一边，停住脚步扭头又看向他。他坐在圆木上，几乎屏住了呼吸。

然后，老熊就离开了。它似乎并不是走进树林

> 男主人公长时间的追逐终于有了成果，这只熊终于显露出它的面目。

福克纳

的，它就那么消失在茂密的森林中，就像一条巨大的鱼，连鳍都没有摇动就隐没在了池塘深处。

　　那就秋天再见吧，他这样想道。然而，当年的秋天甚至之后好几个秋天，他都没能再见到老熊。再见面的时候，他已经十四岁了。他已经猎杀过一头鹿，山姆用热气腾腾的鹿血在他脸上画了庆祝的标记。接着，他又在第二年猎杀了一头熊，山姆也为他进行了庆祝。其实在这之前，他已经成长为像大人一样的森林猎手。十四岁的他甚至比一些大人更优秀。营地方圆三十英里内的所有东西，他都了然于心，哪里有小河、山脊、树丛，哪里有标志物、大树、小路，他全都知道。他可以带着任何人在这个范围内的任何地方来去自如，甚至有一些小路连山姆都不知道，但是他摸得十分清楚。他十三岁的时候，在一个角落发现了一个鹿窝，但他谁也没说，借了瓦尔特的枪，在公鹿回窝的路上伏击了它。这种方法是他从山姆那儿听来的，山姆说这是印第安祖先们使用的狩猎方法。

　　但对付老熊可没这么简单，尽管现在他比熟悉自己的脚印还熟悉它那只畸形的巨大脚印。他还认识它的另外三只脚的脚印，甚至知道每一个脚印是哪一只脚的。这可不容易，因为这座森林里还有其他的熊，它们也会留下脚印。在他的狩猎生涯中，

能与老熊正面交锋，这种强大的信念敦促着男主人公飞速成长，在森林里学习着一切知识。

131

✏️ 作者借此表明，孩子得到的教诲不仅来自人类，更来自无限宽阔的大自然，以及大自然中各种各样的生灵，表达了作者对大自然的感激和赞叹。

如果说山姆是他的导师，营地后面那些野兔和松鼠就是他的幼儿园伙伴，这片荒野就是他的大学，而那只没有妻子、没有子嗣的老熊，可以说就是哺育他成长的母亲。但是，他从来没意识到这一点。

如今，只要他愿意，什么时候都可以找到那个畸形的脚印，五英里、十英里、十五英里，都不在话下。在过去的三年里，他偶然有两次听到猎狗在追踪老熊，而且第二次它们似乎交锋了。猎狗们疯狂地吠叫，却又带着一些胆怯。但是这两次他都没能亲眼看到它。有时候，他的记忆会回到三年前的那个中午，在森林中的那片空地，炙热的风，明亮的阳光，他和老熊看着彼此，就好像梦境一般，但却真的发生了。他们对视着，在荒野中迎面遇到，那一刻似乎并不是肉体的驱使，而是命运的安排。肉体也许终会死亡，但命运的联系却永远不会消失。

然后，他和老熊再次相遇了。当时他正拿着瓦尔特的枪全神贯注地捕猎，反倒忘了寻找老熊的事，结果它就突然出现了。前几日的龙卷风把树木都吹倒了，老熊飞快地奔跑着，像火车一样横冲直撞，把挡在前面的树木都推开了。他不敢相信它跑得那么快，像凌空奔跑的鹿一样快，这样的速度他根本没办法瞄准。现在他才明白，三年来他一直找

福克纳

不到老熊的问题出在哪里了。他坐在圆木上开始发抖，就好像第一次来到森林里，第一次看到森林里的野兽。他意识到一件事，山姆告诉过他并且在第二天就验证了，但是他后来忘记了，而今天又一次验证了。

当时山姆说，他们缺一只好狗，现在他明白这句话的意思了。他们需要一只好狗，个头不是最重要的，重要的是面对老熊的勇气。几个月后，已经是四月份，学校放了耕种的农假，在向父亲承诺四天一定回家之后，他又来到了营地。这次，他已经有了一只好狗，是一只杂种狗，黑人叫它们"小家伙"或"耗子狗"，个头很小，但是非常勇猛，甚至可以说是凶悍。

现在的他已经是老练的猎手了，根本用不了四天。第一天早上，他就发现了老熊的踪迹。他已经设计好了一场伏击，他把小家伙装在袋子里，抱在怀里。山姆牵着两只猎狗，在小路的下风口埋伏。然后，战斗开始了。老熊突然出现在他和小家伙的面前，小家伙猛烈地狂吠起来，老熊靠在一棵大树上，前爪高高抬起准备攻击。这个姿势让他觉得老熊越来越高，似乎在不停生长。山姆的两只狗被小家伙的勇猛感染，三只猎狗疯狂地向前跑去。

他意识到小家伙是要去拼命，它不会停下来

✎ 和前文多次提到的"好狗"相呼应，再次突出勇气的重要性。

133

的。他把枪往地上一扔，跑过去一把抱住了疯狂的小家伙。突然间，高大威猛的老熊站在了他的面前。

> 再一次描写气味，结合前文中几次对气味的描写，让前后文的联系更为密切。

他闻到了老熊的味道，浓烈刺鼻的腥臭，热乎乎的。他抬头看去，老熊威风凛凛地站在他前面，巨大无比，就像黑压压的天空笼罩住他。他想起来了，这是他在梦里经常见到的场景。然后，老熊就走了，不知道什么时候离开了。他跪在地上，小家伙还在他的怀里疯狂吠叫。山姆走了过来，把他扔掉的枪放在他的身边，安静地看着他。

"这是你第二次看见它了，还拿着枪，"山姆说，"如果你开枪的话，是可以打中它的。"

他站了起来，小家伙还在他的怀里疯狂叫着，像通了电的弹簧使劲乱窜，想要挣脱出去。他有些喘息，但在慢慢平静。

> 男主人公和山姆都没有对熊开枪，这一点颇耐人寻味，作者借此表明他们已经获得比猎杀老熊更为重要的东西，那就是勇气。

"你要开枪也会打中的，"男孩说，"枪在你手里，但你也没有开枪。"

就这样，他和老熊的第二次见面结束了。

"当时你没有开枪，"他父亲后来问，"你离它有多近？"

"我不知道，爸爸，"他说，"我们离得很近的时候，我看见它右后腿上有个大疙瘩，但我那时候手上没枪。"

福克纳

"但你有枪的时候也没开枪,"他的父亲说,"为什么?"

父亲并没有等他回答,就起身走到了屋子的另一边。房间的地板上铺着他父亲在他出生前猎获的熊皮,还有两年前男孩猎获的那张熊皮。书架的上面,挂着男孩猎获的第一个鹿头。这里是他父亲处理农场事务的办公室,十四年来,男孩在这里听到了很多让他成长的谈话。德斯班少校是这里的常客,康普森将军偶尔会来,瓦尔特、彭·霍根勃克、山姆·伐德斯和黑奴吉姆也常来打猎,对这里的森林和野兽非常熟悉。

在大人们谈话的时候,他总是沉默地倾听。他们谈论着荒野、森林,它们如此广袤、古老,远远超过那些自认为可以购买它们的愚蠢白人的想象。这片荒野和森林属于人类,而不是属于某种颜色的人,它们属于那些勇敢、坚韧、怀有敬畏之心的猎人,也属于生存在森林中的所有野兽。古老的荒野有它自己的命运,不可言说,只是默默看着不断发生的冲突与争斗。说这些话的时候,大人们的声音都很低沉、平静,像在追溯某种回忆,也像在记录某种事实。男孩和黑奴吉姆蹲在夜晚的篝火旁,默不吭声,只有在添柴火或者送酒的时候,吉姆才会起身。酒是这个场合的必需品,深棕色的酒液映着

✏️ 作者对自然充满敬畏,表明自然界中的一切生灵都是平等的。

135

火光，凝缩的是勇敢与智慧的象征，它不是女性、年轻人和儿童的饮品，而是勇猛粗犷的猎人的佳酿。大人们慢慢地品着酒，像在进行某种仪式一般，对某些伟大的品质表示敬意。

父亲从书架上拿了一本书，又回到他面前，朗读了济慈的五节诗《希腊古瓮颂》。父亲的声音十分平静，温暖的春天已经来了，房间里并没有点着火炉。男孩抬起头，父亲只是说："仔细听。"说完，他又从诗的第二节重新开始读。读完，父亲合上了书，轻声念道："她的容颜不会逝去，即使你未能如愿，你可以永远深爱下去，在爱中她将获得永生。"

> 这句话是在影射男主人公以及一些老猎人和老熊的关系，以及他们对待老熊的态度。

"诗人是在谈论一个女孩。"男孩说。

"也可能是别的什么，"父亲停了一下，接着说道，"诗人在谈论真理。真理是永恒不变的，是一切人类最美好的东西：荣誉、骄傲、怜悯、公正、勇敢、热爱。你明白吗？"

他不太明白父亲的话，他觉得似乎没这么复杂。他的故事里有一只巨大凶猛的老熊孤独地生存在这片荒野，自由而又骄傲，即使面临困境也沉着冷静。有时它会故意品尝危险的滋味，活动筋骨，保持敏捷。他的故事里还有一位老人，是一个女黑奴和印第安首领的儿子，身体里涌动着一个古老民

> 间接表明男主人公不断追逐老熊，故意将自己置于危险境地，是为了获得勇气，让自己成为一个勇敢的人。

福克纳

族的血液，在苦难和痛苦的历史中获得了为自由抗争的骄傲。他的民族已经从这片土地上消失不见，可这种血脉和桀骜的精神与他一起继续生存。他的故事里还有一个快速成长的男孩，短短几年已经拥有驰骋于森林的本领。但男孩明白，在这片荒野中，仅有本领是不够的，谦卑和骄傲才是猎人最好的品质。在这个故事中，那位印第安老人带领他在荒野中不断前行，那只老熊和他的小家伙在森林中等待着他，告诉他当他拥有了某一样品质，他也会得到另一样。

他的故事里还有一只连名字都没有的小杂种狗，虽然已经成年了体重却还不足六磅，它似乎在告诉大家："我没有危险性，因为我个头最小；我也不凶猛，大家觉得我只会吠叫；我不可能再卑微了，我已经趴到地上屈服跪拜了；我也不可能拥有骄傲，那些高高在上的人类觉得我配不上这个词，我可能甚至上不了天堂，因为他们说我没有美好的灵魂。所以，我唯一能做的事就是勇敢。这是件容易的事情，我可以做到，虽然他们认为我的勇敢只是狂吠而已。"

故事到这里就结束了。这是个再简单不过的故事，比诗歌里关于女孩和爱情的故事简单太多了。实际上，诗人不应该感到悲伤，因为在永生的爱

> 典型的意识流风格。作者借一段小狗的心理描写，说明了勇敢的重要性。

137

中，他不会如愿，但也不会失望。而在男孩的故事里，命运安排了他对老熊的期待。他快速地成长，整整用了四年，最终见到了老熊，可是他没有开枪，因为它的小杂种狗跑到了老熊面前——其实，在小狗挣脱他的怀抱之前，他完全可以开枪，或者在老熊靠着大树举起前爪之前，山姆也可以在那时开枪。想到这里，男孩停了下来，夜色已经开始慢慢降临，他的父亲平静地看着他，轻声地说："勇敢、荣誉、骄傲、怜悯、热爱、公正、自由，这些就是能够触动人心的一切美好，是永恒不变的真理。现在你明白了吗？"

> 通过父亲的话揭示全文的主旨，人生追求并非猎杀老熊，而是"勇敢、荣誉……触动人心的一切美好"。

"这些应该还包括山姆、老熊、小家伙，"他默默想着，"嗯……还有我自己，爸爸说过我也很不错。"

"我明白了，爸爸。"他回答道。

福克纳

> **阅读小助手**
>
> 　　1942年，这篇小说发表在《星期六晚邮报》，后来福克纳扩写了整个故事，并收录在长篇小说《去吧，摩西》中。福克纳通过小男孩的视角，讲述了正在消失也注定会消失的荒野上发生的故事。文中的老熊是一个象征，小男孩对老熊的心态变化，预示着他对大自然的认识变化。
>
> 　　故事最后，小男孩在终于鼓起勇气面对老熊时，没有开枪，放走了老熊。人类和自然中的植物、动物，都属于自然，是一个整体，自然界中的万物都是平等的，人类只有热爱自然、保护自然，将和谐共处当作人与自然的唯一相处方式，才能促进人与自然的共同发展。

○ 作家档案

中 文 名：尤金·奥尼尔

外 文 名：Eugene O'Neill

国　　籍：美国

出生日期：1888年10月16日

逝世日期：1953年11月27日

认识作者

尤金·奥尼尔，生于一个演员家庭，父亲是戏剧演员，母亲是戏剧爱好者，从小就跟随父母在全国各地巡回演出，漂泊不定。他在父亲的剧团里当过临时演员，父亲不满意他的演出，他也不满意剧团的传统剧目。1914年，他到哈佛大学选读戏剧技巧方面的课程，并开始创作。

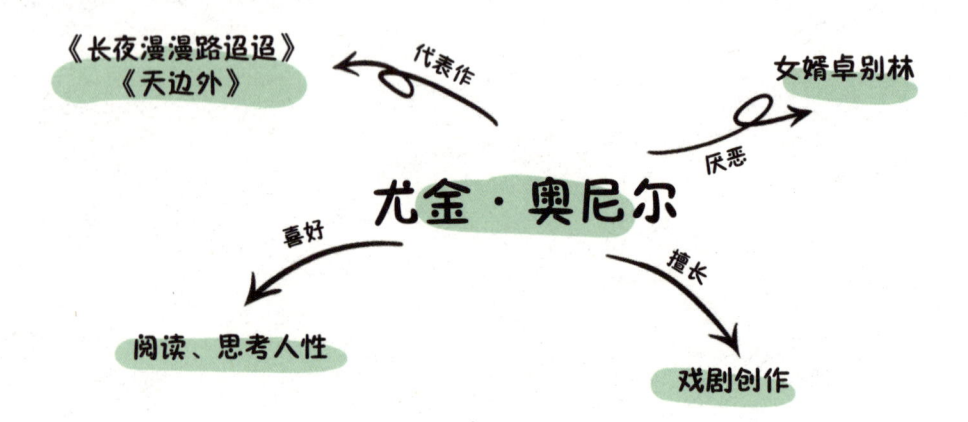

尤金·奥尼尔

- 代表作 → 《长夜漫漫路迢迢》《天边外》
- 厌恶 → 女婿卓别林
- 喜好 → 阅读、思考人性
- 擅长 → 戏剧创作

1936年诺贝尔文学奖

获奖理由：

　　由于他剧作中所表现的力量、热忱与深挚的感情——它们完全符合悲剧的原始概念。

创作风格

　　尤金·奥尼尔的一生经历了许多困难和挑战，这些经历对他的创作产生了深远影响。他的写作独特而深刻，关注人类存在的困境和内心的挣扎。他的作品通常揭示了人性的黑暗面，探索了家庭关系、个人道德和社会问题。他的剧本充满了悲剧和现实主义元素，以及对人类情感和价值观的深刻探索。

作文素材

　　你把一切都看得清清楚楚——你看清了藏在纱幕背后的秘密，而你自己就是秘密。《天外边》

　　雾可以把你跟全世界彼此隔绝。你觉得在雾里什么东西都改变了，什么都是真真假假的。没有人能找得到你、碰得到你。《长夜漫漫路迢迢》

一只狗的遗嘱

张庆彬/译

我叫席尔维丹·恩布勒姆·奥尼尔。我的家人、朋友和熟悉我的人，都亲昵地叫我伯莱明。岁月和疾病给我带来了痛苦，让我明白自己已经走到了生命的尽头。因此，我决定把最后的感情和遗愿埋藏在主人心中。我死前，他不会发现这些感情和遗愿本来就藏在他的内心深处。直到他感到孤独想起我时，他才会明白这些遗愿的含义。我希望他能将我的遗嘱写出，作为对我的纪念。

我能遗留的东西很少。事实上，我们比人类更聪明，我们对财产并不看重，我们不会把时间浪费在追逐金钱上，更不会为了守住已有的东西或得到更多的东西而放弃自己的休息时间。除了爱和信任，我没有其他值钱的东西可以留给别人。我希望把这些留给所有爱过我的人，特别是我的男主人和女主人，我知道他们会为我的离去深感悲痛。

我希望我的主人能永远记得我，但是也不要为我悲伤太久。在活着的时候，我尽力为他们带来欢乐和喜悦，让他们的生活充满欢笑，而不是给他

✏ 作者借狗的视角，表明了人类对追名逐利的热衷。

尤金·奥尼尔

们带来孤独和悲伤。一想到我的死会让他们伤心，我就感到非常难受。我想让他们知道，没有一只狗像我这样快乐地生活过，而这都要归功于他们对我的爱。现在我已经老了，失去了视力、听力和行动力，以前敏锐的嗅觉也已消失。即使一只兔子在我面前走过，我也察觉不到。尊严在疾病和衰老中逐渐消失，这是一种无名的羞耻，生活似乎在嘲笑着我的无能。<u>我知道，在成为自己和爱我的人的负担之前，我应该向大家告别。</u>

🖉 说明狗的体贴和善解人意。

我的悲伤来自即将离开我所爱的人，而不是死亡本身。狗并不像人类一样害怕死亡，我们接受死亡是生命的一部分，而不是一种可怕的灾祸。谁又能知道死后会发生什么呢？

我宁愿相信死后要去的地方是天堂。在那里，每个人都年轻、健康。每天都发生精彩有趣的事情。我们可以随时品尝美味的食物。每个晚上，壁炉火焰在熊熊燃烧，我们会倦意十足地打盹儿，进入美梦，在梦里回味我们在人间的英勇时刻以及对主人深深的爱。

对我们来说，这样美好的画面可能只能是一种想象。但是，离开时的平静和安详是可以确定的。请上天给予我衰老的身心一个安详长久的休息，让我在这深爱的人间长眠。我已经得到充足的爱，这将是我完美的归宿。

我还有一个真诚的请求，我曾听女主人说："伯莱明死后，我再也不养别的狗了。我如此爱它，不会再爱其他狗了。"现在，我想恳求她再养一只狗，把对我的爱转移到它身上。她再养一只狗，并不代表她不再爱我。我更希望感受到，这个家因为曾经有过我，就无法再生活在没有狗的日子里。我绝不是狭隘、忌妒的狗，我相信大部分狗都是善良的。我的接班人很难像我年轻时一样行为得体，杰出而帅气，我的主人不要对此心存期待。但它会尽力做到最好，一定会的！当然，它也会有一些无法避免的缺点，别人会拿这些缺点与我比较，这会让他们永远记住我的优点。

把我的项圈、皮带、外套和雨衣留给它。他们总是喜欢我穿戴这些物品，虽然它无法像我那样英姿飒爽，但我深信，它会努力不把自己表现得像一个笨拙、没见过世面的狗。在这个牧场上，它可能在某些方面超过我。我想，至少在追逐长耳大野兔这方面，它可能会更出色。我希望它在我的老地盘上过得幸福快乐。

亲爱的男主人和女主人，这是我最后的请求：无论何时，当你们来到我的墓前，回忆起我们一起度过的快乐时光时，我希望你们能用哀伤却又充满

▸ 狗到死都还在为自己的主人着想，表现出狗的忠诚可靠。

▸ 比家兔瘦，耳朵和腿更长，常常栖息于低矮干燥的灌木丛中。

尤金·奥尼尔

喜悦的声音说:"这里长眠着永爱我们和我们永爱的朋友。"即使我已经进入了长眠,我依然能够听到你们的呼唤,没有任何力量能够阻止我对你们欢快地摇尾巴。

阅读小助手

　　狗是人类最忠实的朋友,文中的伯莱明将狗的善解人意和忠诚可靠展现得淋漓尽致,无论在什么情况下,也无论主人的心情是好是坏,狗都会寸步不离地陪在主人身边。

　　你有朝夕相伴的小狗吗?如果有的话,你也可以把小狗的故事写下来,可以写它的样子、生活习性,以及你们之间的友谊。

作家档案

中文名：**法朗士**

外文名：Anatole France

国　籍：法国

出生日期：1844年4月16日

逝世日期：1924年10月12日

认识作者

法朗士，作家、文学评论家。他生于巴黎一个书商家庭，进入学校后，法朗士虽然学习成绩一般，但他博览群书、涉猎广泛，为他后来的写作之路积累了很多素材。毕业后，法朗士在出版社做校对工作，并开始在报刊发表作品。1881年，长篇小说《波纳尔之罪》出版后，法朗士声名大振。

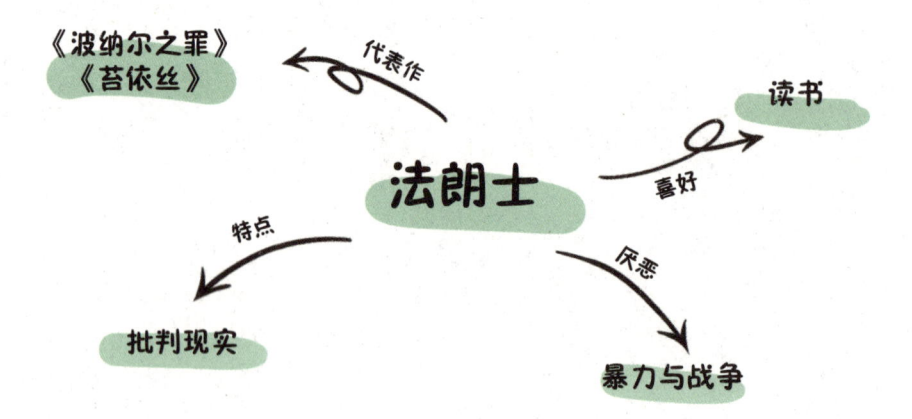

法朗士

- 代表作：《波纳尔之罪》《苔依丝》
- 喜好：读书
- 特点：批判现实
- 厌恶：暴力与战争

1921年诺贝尔文学奖

获奖理由：

　　他辉煌的文学成就，在于他高尚的文体、怜悯的人道同情、迷人的魅力，以及一个真正法国性情所形成的特质。

创作风格

　　法朗士用他的博学才识和丰富想象力，创造出一种纯属于个人的作品题材。他擅长用温和的语气幽默地对笔下的人物和现象进行讽刺，这使他的作品风格多样并具有丰富的变化。同时，法朗士还擅长利用隐喻和象征增强作品的表现力，对社会黑暗与丑恶进行讽刺，为唤醒人民与改造社会做着不懈的努力。

作文素材

　　任何事情的本身无所谓正直或者可耻，公正或者偏私，快乐或者痛苦，好或者坏。这是人们的见解把种种性质加到事物上面，正好像用盐把滋味加到菜肴上面一样。《黛依丝》

　　能够用眼睛观察世界，能够用耳朵聆听世界，这是我的幸福所在。《一串葡萄》

里 凯

李泓淼/译

教授的家具在佐伊小姐的监督下被打包，随后运到了火车上。

在搬家的日子里，里凯在一片狼藉的公寓里忧伤地徘徊。它用怀疑的目光望向波利娜和佐伊，曾经如此平静的房子在她们来后没几天便遭此大变。老安热莉克一整天都躲在厨房里哭泣，她的眼泪使里凯的悲伤更加汹涌。它最为看重的习惯被搅得一团乱。一群不修边幅、粗鲁无礼的陌生人来到家里，惊扰了它的休息，他们一路来到厨房，肆无忌惮地在它的食盆和水碗上踩来踩去。它刚想躺下，椅子却被人一把搬走，地毯也从它可怜的屁股底下被猛地抽了出来。里凯明明在自己的家里，却找不到一块立足之地。

一开始，它曾为了尊严力图抵抗。水槽被移走时，它向着敌人狂吠不止，但根本没人搭理它。毫无疑问，里凯备受打击，失落极了。佐伊小姐厉声呵斥："别叫了！"波利娜小姐雪上加霜道："里凯，你这蠢狗！"从这之后，里凯不再发出无

> 📝 从里凯的视角写出搬运工粗鲁的行为，交代了里凯悲伤的原因。

谓的警告，也不再为了大家共同的利益孤军奋战，只能对着房子里的一片废墟发出无声的哀叹，徒劳地从一个房间逃窜到另一个房间，妄图寻求一点宁静。当搬运工们走进它藏身的房间时，它就小心翼翼地躲在还未被搬走的桌子或梳妆台下面。但这份小心对它来说弊大于利，因为很快家具就在它身上摇晃起来，被抬起，又哐当一下被放下，差点儿砸到它。里凯每次都被吓得汗毛直立，慌乱不堪地逃走，又躲进另一处庇护所，但这里比之前的家具也安全不到哪里去。

　　身体遭受的这些不便或危险，与它心灵所承受的痛苦相比全都微不足道。里凯的精神遭受了巨大的伤害。

　　对它来说，公寓里的家具不是没有生命的物品，而是一个个活生生的亲切生命，是它喜欢的灵魂，将它们搬走会带来可怕的灾难。盘子、糖罐、平底锅和炒锅都是厨房里的神灵；扶手椅、地毯、垫子则是家里的护身符。现在，这些都消失不见了。在它看来这是一场无法修复的浩劫。经此一劫，它小小的灵魂承受了太多悲伤，已经到达了极限。好在和所有人类的灵魂一样，里凯的灵魂也能自我排解，很快就会忘记这些不幸。口渴的搬运工们走开了，他们不在的这段时间，老安热莉克挥舞

> 里凯为尊严和责任的吼叫，却遭到斥责，这让里凯陷入精神痛苦。

着扫帚，木地板上扬起一阵灰尘，里凯从中闻到了老鼠的味道，看到了一只蜘蛛逃跑，它纷乱的思绪难得地轻松起来。但很快又陷入了悲伤之中。

搬家那天，眼见事情越来越糟，里凯不禁悲从中来。尤其看到衣服被塞进一只只黑漆漆的箱子里，这是它最为悲痛的时刻。波利娜则兴高采烈，抓紧收拾着行李。里凯赶紧走开不去看她，好像她在做什么坏事一样。它缩在墙角，心里想着："最糟糕的事情还是发生了！一切都完了！"它或许是觉得只要看不见，事情就没有发生，也可能是不想被眼前残忍的景象刺激，所以尽量让自己不看向波利娜。不巧的是，波利娜来回走动时偶然看到了里凯的表情。她觉得这种悲伤的情绪十分滑稽，不禁大笑起来。她笑着叫它说："来呀！里凯，过来！"但里凯还是待在角落里不动。它现在无心和自己的小主人温存，出于一种神秘的本能和预感，它不敢靠近那只打开的箱子。波利娜叫了它好几次。看它毫无反应，波利娜走过来一把将它抱进了怀里。"你怎么不高兴呢！"她语气里尽是嘲讽，"你这是怎么啦！"里凯没有听出其中的讽刺。它躺在波利娜的怀里，闷闷不乐，好像什么也看不见，什么也听不见。"里凯，看着我！"她朝它吼了三遍，但都徒劳无功。然后，她佯装愤怒地说：

📝 所有人都在忙着搬家，没人在意一只小狗的悲伤。而且这种悲伤非但没有得到安慰，反而受到一阵嘲讽。

📗 形容心里烦闷，不快活。

"别在这碍眼！"随后就把里凯扔进了箱子，还盖上了盖子。这时，姑妈叫了她一声，她就走出了房间，把里凯留在了箱子里。

里凯在箱子里深感不安。它怎么会知道把它扔进箱子不过是主人的一个玩笑。它感到自己处境堪忧，尽量不做出鲁莽的行动使情况变得更糟。它屏住呼吸，一动不动地待了一会儿。没有再感到新的威胁，它觉得有必要探索一下自己置身的这座黑暗监狱。它用爪子摸索了一会，发现可怜的自己被扔在了一堆衬裙和衬衣上面，它开始想办法脱身。它被困在这堆衣服里已经两三分钟了，这时贝热雷先生正要出去，叫了它一声：

"里凯，快来！我们要去向书商帕约先生道别了……过来！你到底在哪儿？"

贝热雷先生的声音给里凯带来了极大的安慰。它疯狂地用爪子抓着柳条箱的内壁，用声响回应贝热雷先生。

"狗去哪儿了？"贝热雷先生看见波利娜抱着一堆衣服回来了，便向她问道。

"爸爸，它在箱子里。"

"它怎么跑到箱子里了？"

"我扔的，爸爸。"

贝热雷先生走近箱子说道：

> 深感不安的里凯孤独无助，只能自己应对不可预测的局面。

"那个一边替主人放羊、一边吹长笛、叫科马塔斯的孩子也是这样被关在一个箱子里。缪斯的蜜蜂会飞到箱子里喂他蜂蜜吃。但你就不一样了，里凯，你会在箱子里饿死的，因为你可不是不朽的缪斯的宠儿。"

说罢，贝热雷先生把他的朋友从箱子里救了出来。里凯跟着他到了前厅，一路开心地摇着尾巴。这时一个念头掠过了它的脑海。它转身跑回了公寓，跑到波利娜跟前，两只前爪抓着姑娘的裙子立了起来，和她疯狂地亲昵了好一阵子，表达了自己的喜爱之情后，才又跑回楼梯和贝热雷先生会合。如果不向这个把自己扔进黑黢黢箱子的人表达爱意就走，在里凯看来是缺乏智慧和信仰的做法。

贝热雷先生觉得帕约的书店又寒酸又丑陋。帕约正忙着和伙计们一起"清点"市镇小学的供货，没时间向教授好好地告别。他从来都是这样不善言辞；随着年岁的增长，他更是越来越惜字如金。他已经厌倦了卖书这个营生，看到这个行业越来越不景气，他迫不及待地想放弃这间书店，退休回到他的乡间小屋，他现在每周末都会到那里度假。

贝热雷先生一如既往地钻进书店角落，从书架上拿出《旅行通史》第三十八卷。又是翻到212页和213页，还是这些平淡无奇的文字：

> 反映出里凯是一只忠诚善良的可爱小狗。

法朗士

"向北走一条通道。他说正是这次失败，让我们误打误撞地再次访问桑德韦奇群岛，并以一项发现丰富了我们的旅程，虽然这是最后一项发现，但从多方面看来，这似乎是欧洲人在整个太平洋上所取得的最重要的发现。可惜的是，这些做出美好预示的预言并没有实现。"

这几行字他已经读了一百遍，这些文字使他想起了许多旧日时光，他的生活虽然平庸且艰难，却在他丰富的想象下得到了美化。他从未探究过这些文字的意义，却在这次阅读后感到一股悲伤和沮丧，仿佛这些文字揭示了所有希望的虚妄本质，告诉他虚无无处不在。他合上了那本他翻开过很多次，之后不会再翻开的书，遗憾地走出了帕约书店。

> 通过对男主人行为的描写，说明搬家不只给里凯带来了悲伤，男主人也是悲伤的。

在圣父广场，他最后看了一眼玛格丽特女王的房子。夕阳的光芒掠过历史悠久的横梁，在明暗的激烈交锋中，菲利普·特里库亚尔的盾牌自豪地展示着自家徽章的形状，标志姓氏的图案竖立在那里，就像在为这座贫瘠的城市树立榜样，又像是一声责备。

回到被搬空了家具的房子，里凯用爪子摩挲着主人的腿，它抬起那双忧伤的眼睛望向主人，用它的目光说道：

"曾经如此富有和强大的你，也会变得贫穷

吗？你也会变得弱小吗，我的主人？你让那些衣衫褴褛的邪恶之人闯进你的客厅、卧室、餐厅，让他们冲向你的家具，把它们拖到外面，把你的大扶手椅拖到楼梯上，那扶手椅属于你也属于我，那是我们每天晚上休息的地方，也是我们清早互相依偎的地方。我听到扶手椅在衣衫褴褛的人们怀里呻吟，这把椅子是一个巨大的护身符，是一个善良的灵魂。可你却没有反抗那些入侵者。如果家中所有的灵魂都荡然无存，如果你失去了所有的神明，只剩你早上起床时所穿的这双拖鞋，这双被我咬着玩耍的拖鞋，如果你变得穷困潦倒，我的主人啊，我又会沦落到何等境地呢？"

> 突出里凯的多愁善感、富有同情心的性格，也明显地表现出里凯的情绪变化——从最开始的抗拒，到后来的逃避，直到看到被搬空的房子，它的悲伤达到了顶峰。

阅读小助手

因为主人搬家，小狗里凯平静且习以为常的生活被破坏，它想通过自己的反抗来表达自己的无助和困惑，却受到主人的斥责。但里凯依然对主人忠诚，表达着自己的善良与同情心。

本文通过对小狗里凯的心理描写，说明如果主人的生活发生变化，小狗可能会变得痛苦、忧虑、沮丧。所以如果我们也拥有一只小狗，一定要多关心它，多去了解它的心理变化，让它健康快乐地成长。

○ 作家档案

中文名：	艾略特
外文名：	T. S. Eliot
国　籍：	英国
出生日期：	1888年9月26日
逝世日期：	1965年1月4日

认识作者

　　艾略特，英国诗人、剧作家和文学批评家，诗歌现代派运动领袖。艾略特出生于一个知识分子家庭，祖父是华盛顿大学的创办者，母亲是小有名气的诗人。从1914年开始在杂志上发表诗作，之后艾略特一直从事着文学创作。他的长诗《荒原》，被评论界看作是20世纪最有影响力的一部诗作，被认为是英美现代诗歌的里程碑。

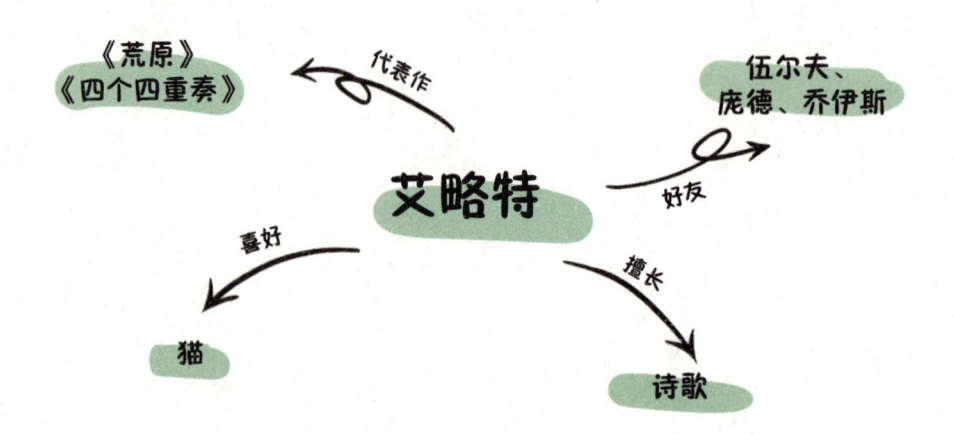

《荒原》《四个四重奏》 ←代表作— 艾略特 —好友→ 伍尔夫、庞德、乔伊斯

艾略特 —喜好→ 猫

艾略特 —擅长→ 诗歌

1948年诺贝尔文学奖

获奖理由：
　　他对于当代诗歌做出的卓越贡献和所起的先锋作用。

创作风格

　　艾略特是欧美现代派诗风的开创者，他在用词、技巧、诗律方面进行的革新实验，为英国诗歌赋予了新的活力。他的诗歌抛弃传统诗歌抒情的老调，更关注实质性的事物，字里行间蕴含哲学思考，含义深远，耐人寻味。作为象征主义诗人的代表，他经常在诗歌中使用各种意象，加之复杂的象征性语言、技巧、隐喻的运用，让诗歌产生多种层次，宛若一部伟大的交响曲。

作文素材

　　红河、红河，慢慢流淌的热默默无声，没有意志能像河流那般平静。《弗吉尼亚》

　　当露水还在藤蔓上颤抖时，我送你的那朵鲜花已经枯萎了，而野蜂还未飞去，把那野玫瑰吮吸一下。《歌》

猫咪摩根自我介绍

张 明/译

我也曾是个海盗在公海横行,
但如今退隐江湖把门童①来当。
所以你能见我现在悠闲随性,
守卫在布卢姆茨伯里的广场。

山鹑肉我偏爱,松鸡同样对味,
一碗德文郡奶油则更合我意;
我最中意的是在屋里喝点水,
吃一口冻鱼在巡逻完毕之时。

我没多少教养,行事粗俗鲁莽,
但我衣着光鲜,时刻潇洒漂亮;
别人如此称赞,我已受用非常:
"人人都爱摩根,他有副好心肠。"

我曾在巴巴里海岸打架挨揍,
嗓音不比这抹了蜜的风琴声;
可我也敢宣称,这可不是吹牛,

① 迎送宾客的服务人员。

艾略特

有些姑娘对老摩根爱得可深。

所以若找费伯,或跟费伯谈生意,
我给你个建议,值回你的小费:
若想省下时间,节省你的精力,
只要你和看门的猫真诚以对。

> 指作者艾略特所任职的费伯与费伯(Faber and Faber)出版社。

跟猫打招呼

张 明/译

你既在书中阅猫无数,
我的看法便如下所述:
你已无须谁从旁解说,
就能了解他们的性格。
学到现在你应能领悟,
<u>猫与你我的相似之处</u>。
他们像人类千番万种,
性格和品性个个不同。
有的理智也有的疯癫,
有的好心有的存邪念。
至善极恶你平生难见,
但在诗里通通能描写。
你见过他们工作娱乐,
也能分辨出品种毛色,
还有他们的习性住处。
可是——
你要怎样跟猫打招呼?
首先让我来带你回忆,

✏️ 你能总结出人类和猫咪之间有哪些相同之处吗?

艾略特

并说：猫狗不是一回事。
狗假装爱惹是生非；
很少咬人只会乱吠；
然而狗儿大致都是，
你所谓的天真朴实。
当然我没在说京巴，
这种小狗精明可怕。
城里通常见到的狗，
都挺喜欢扮演小丑，
根本没有半点尊严，
最后经常灰头土脸。
它非常容易被人骗——
只需摸摸下巴下面，
或是拍他背摇摇爪，
他会立马欢叫蹦跶。
他是粗人相处随和，
招手呼唤必会应和。
我得再一次提醒你：
<u>狗儿是狗儿——猫咪是猫咪。</u>
人们说，有条法则保准没错：
对猫咪，别做先开口的那个。
至于我，这种说法一无是处——
要我说，你应该跟猫打招呼。

✏️ 猫和狗的习性差别很大，你更喜欢猫还是狗呢？

161

但你也要一直牢记，
他不喜欢过分亲密。
我深鞠一躬又摘帽，
然后这样来问好：噢，猫咪！
但若是同邻家的猫，
我们早是点头之交
（他常来我寓所拜访），
因此我这样开场：哟，猫咪！
我曾听人叫他詹姆斯——
但我没熟到称他名字。
若要猫咪能俯身屈尊，
信你对他是友善真诚，
有些小小敬意得奉上，
一盘奶油也许帮大忙；
有时你还要客气招待，
鱼子酱或斯特拉斯堡派，
罐装松鸡或鲑鱼肉酱——
合他口味的总有一样。
（我认识只猫，他有个嗜好，
只吃兔子肉，其他都不要，
吃完之后还要舔舔爪，
一点洋葱酱都不留下）
猫咪天生就有权索取，

✏️ 用一点食物就能获得猫的信任。

艾略特

表明诚意的信物证据。
于是最终你目的达成,
亲切称呼他小名昵称。
那么言至于此,此外无他,
你就这样跟猫打招呼去吧。

> 一首趣味横生的诗歌,教人如何跟猫打招呼,充满了对猫的喜爱。

阅读小助手

诗人艾略特在给他教子的信中,创作了很多关于猫的奇特的诗。后来这些诗启发并影响了百老汇著名音乐剧——《猫》的创作。

他将爱猫之情和童真结合在一起,诗歌里的猫会吹牛、偷吃、歌唱……把人类世界搅得天翻地覆,妙趣横生。

○ 作家档案

中 文 名：**梅特林克**

外 文 名：Maurice Maeterlinck

国　　籍：比利时

出生日期：1862年8月29日

逝世日期：1949年5月5日

认识作者

　　梅特林克，剧作家、诗人、散文家。他早年在大学学习法律，曾任律师。后来在巴黎求学时结识法国象征派诗人，开始发表诗作。开始时，他并不为人们所注意，但由于他那丰富的想象和惊人的创作能力，不久便被誉为比利时的莎士比亚。

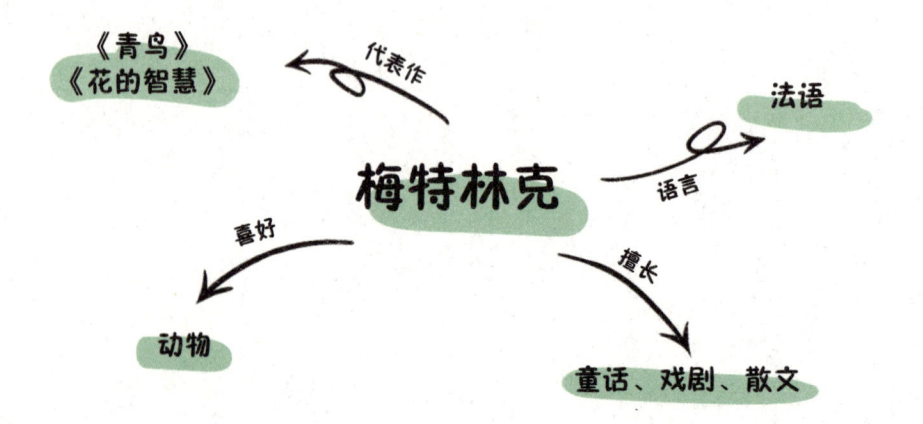

《青鸟》
《花的智慧》 ← 代表作 — 梅特林克 — 语言 → 法语

喜好 ↓　　　　　　　　　擅长 ↓

动物　　　　　　　　童话、戏剧、散文

1911年诺贝尔文学奖

获奖理由：
　　由于他在文学上多方面的表现，尤其是戏剧作品，不但想象丰富，而且充满诗意，有时虽以神话的面貌出现，还是处处充满了深刻的启示。这种启示奇妙地拨动了读者的心弦，并且激发了他们的想象。

创作风格

　　梅特林克的作品具有丰富的哲理思想、富丽的想象以及诗情画意。他的童话不仅给人以丰富的美好的幻想，而且也让人得到美的享受。作品有时以童话的形式显示出一种深邃的灵感，同时又以一种神妙的手法打动读者，激发读者的想象。

作文素材

　　我们花园中的花朵彰显出巨大的力量，如果我们拥有这些力量的一半，来克服痛苦、衰老、死亡等种种辖制我们的必然祸患，那么我们可以完全相信自己的情况将不同于现状。《花的智慧》

　　我们不应忘记，野花如同春天和秋天的彩霞，如同日出与日落，如同百鸟的鸣唱，如同女人的美发、明眸与婀娜多姿的步态，最先教我们的祖先懂得：我们的星球上存在着无用但却美好的东西。《野花》

蜜蜂的愤怒

李泓淼/译

> 开篇即交代写作缘由。

自从写过《蜜蜂的生活》，我常被要求为大家解开有关蜜蜂最可怕的谜团之一——愤怒，这种蜜蜂无法抗拒、莫名其妙、突如其来，有时甚至危及生命的心理。事实上，围绕着这些金黄色的蜜蜂的住所，流传着一大堆恐怖和不公的传言。每当有客人拜访木樨草花团锦簇的围场，看到光之仙女们在里面嗡嗡飞舞，哪怕是最勇敢的客人也会放慢脚

> 说明人类对蜜蜂的惧怕。

步，不由自主地保持沉默，害怕惊扰它们。惊慌失措的母亲会赶紧带着孩子远离，就像看到了毒蛇猛兽或火堆一般避之不及；新手饲养员往往手戴皮手套，头裹纱网，身边再包围上滚滚浓烟，面对着这座神秘的城堡，身体不由自主地出现只有在伟大的战斗之前才会出现的隐隐颤抖。

> 作者借这些具体的、和人类息息相关的问题，向人们普及关于蜜蜂的知识。

这些由传统造成的恐惧背后有什么合理之处？蜜蜂真的危险吗？蜜蜂真的已经被驯服了吗？靠近蜂巢有危险吗？蜜蜂一旦发怒，我们应该逃离还是勇敢地面对？养蜂人有没有什么防止被蜇的秘密或护身符？每当有人新建了一个小养蜂场并刚刚开始学

梅特林克

习养蜂，这些初学者总会焦急地向我提出这些问题。

通常来说，蜜蜂既不恶毒，也不好斗，但它们的脾气看起来确实有些反复无常。蜜蜂对于某些人会怀有无法遏制的厌恶之情。它们也会在某些特殊的情况下异常烦躁，例如在暴风雨来临之际，蜜蜂会变得非常易怒。蜜蜂的嗅觉异常敏锐，不能容忍任何香味，尤其最讨厌人的汗味和酒精的气味。从字面意义上来说，蜜蜂并没有被驯服，但是，从未受过人为照料的野蜂巢中的蜜蜂往往十分暴躁且惧怕人类，而那些日常被人类照料的蜂巢中的蜜蜂则很容易适应人类谨慎的存在。最后，想要毫发无伤地搬动摆弄蜂巢，还有许多因情况而异的小窍门，只能在实践中去摸索。现在我们还是来揭开蜜蜂愤怒的大秘密吧。

蜜蜂的性情十分平和，对外界的容忍度极高，当它在花丛中觅食时，从不会主动蜇人（除非面临被压碎的危险），回到自己的蜂蜡王国时，蜜蜂有时会继续保持这种和善宽容，有时则变得很暴力，具有致命的威胁，这取决于它老巢里的食物储备是丰饶还是匮乏。在研究这种情绪强烈又神秘的小团体的习俗时，人类按自身逻辑做出的判断常常是完全错误的。人们通常认为，如果蜂巢里堆满了辛苦积累的宝藏，那么蜜蜂们自然会坚持不懈地保卫它

> 面对自然界任何生物，熟悉它们的习性，才能更好地掌握其行为逻辑。

们的家园。在优秀的养蜂场里我们就能找到这样的蜂巢，里面的蜂房不可计数，就像成千上万的大桶从地窖一直堆放到阁楼，这么多的蜂房里蜂蜜多得要溢出来，再也找不出任何空闲的空间，金色的花蜜沿着沙沙作响的蜂房壁簌簌流淌，花蜜的香甜一直传到远方的乡村，仿佛是对短暂开放的花萼散发出香气的幸福回应，花萼会因时间的流逝而合上，蜜蜂却将花儿的记忆以最持久的方式保存在蜂蜜的香气中。然而事实并非如此。蜜蜂的家越富裕，它们在蜂巢周围作战的意愿反而会越弱。在打开或翻转一个满是蜂蜜的蜂巢时，如果你用一股烟赶走了蜂巢入口处的哨兵，其他蜜蜂仍飞过来与你争夺它们用微笑和蓝色天空下美好月份的所有恩赐赢得的液体战利品的情况极为罕见。大家可以实际试验一下，只要你只碰那些最重的蜂箱，我保证大家安然无恙。你可以把蜂箱翻过来，把它当作一个微微颤抖但不会伤人的壶一样倒空。为什么会出现这种现象？这群英勇的女战士失去勇气了吗？难道富足使它们变得萎靡不振了吗？难道它们就像奢靡城市中的富裕居民一样，把守护城门安危的责任甩给了可怜的雇佣兵吗？

不，没有任何迹象表明极大的富足会使蜜蜂丧失工作动力。恰恰相反，蜜蜂的国度越繁荣，它

✎ 拟人化的设问增强了表达效果，使文章陡起波折，放大了悬念，激发读者探知的兴趣。

梅特林克

们的律法就越严厉，执行得也越严格，一个食物多得吃不完的蜂巢里的工蜂比食物匮乏的蜂巢里的工蜂工作要努力得多。可能还有其他我们没有完全发掘的原因，比如可怜的蜜蜂被我们可怕的行为吓得惊恐无措，这些原因都是很有可能的。想象一下，蜜蜂突然看到自己那座巨大的房子被抬起，翻了过来，半开着时，它们很可能认为这是一场无法阻挡的自然灾害，与之作斗争毫无意义。蜜蜂没有反抗，但也没有逃跑。确认旧的家园已经无可挽救之后，蜜蜂似乎在本能中开始构想未来家园的模样，它开始打算用从被撕裂的蜂巢中挖出的材料进行重建。现在的不抵抗是为了将来的新生。或者，也许是怀着像寓言中"把主人的晚餐挂在脖子上的狗"那样的心情，看到一切都失去了，没有回报，它宁愿尽量多抢出一些食物，在余下的日子里醉生梦死、尽情狂欢。我们不能确定。<u>我们人类对自己同类最简单的行为尚且参悟不透，又何谈探究蜜蜂行为的动机呢？</u>

每当这座蜂巢城市面临重大考验，每当蜜蜂们判断这是一次不可避免的麻烦，一旦恐慌在黑黄相间的颤抖蜂群中逐渐蔓延，蜜蜂们会纷纷拥上蜂巢，猛烈地撕下过冬食物上的神圣盖子，一头扎进装着芬芳蜂蜜的大桶里，随后整个身子都投入其

✎ 作者没有因为对蜜蜂的了解，就把自己当作无所不能的人，而是怀着一颗谦虚的心。

中，长时间大口吸入这花香酿成的醇酒，它们狼吞虎咽地喝着，如痴如醉，直到黑黄相间的肚子越伸越长，像被勒紧的口袋一样膨胀开来。喝饱了蜜的蜜蜂肚子高高鼓起，不能再将腹部弯曲到螫刺所需的角度。所以，从力学角度讲，它们这时已经变得无害。人们通常认为，养蜂人会用喷烟器把这些好战的蜜库看管飞行员先熏晕一半，然后就能趁它们昏睡之际，将手伸入重兵把守的宫殿。这其实是种误解。烟的作用首先在于驱赶蜂巢门口的守卫，这些守卫时刻保持警惕状态，极其凶猛好战；其次两三股烟能在工蜂群中制造恐慌；紧接着恐慌引起蜂群神秘的狂欢，狂欢过后众蜂就会丧失攻击力。这就是为什么人们可以光着胳膊，露着脸，打开蜜蜂数量最多的蜂箱，检查蜂巢，摇晃蜜蜂，把它们抖落在脚下，聚成一堆，像倒麦粒一样把它们收进容器，然后在被抢夺了劳动果实的工蜂群震耳欲聋的抗议声中，悠然自得地收割蜂蜜，却不会受到一只蜜蜂的螫刺。

但那些碰了没有多少蜜的蜂箱的人可就惨了！远离这些贫穷的蜂箱！对于这种蜂箱，烟根本没什么用，你刚喷出第一股烟，两万个狂暴的恶魔就会从蜂箱里跳出来，冲着你的手一顿乱螫，把你螫得鼻青脸肿，灰头土脸。除了熊和狮身人面像之外，

✏️ 多运用智慧，很多看起来困难的事情，都能迎刃而解。

梅特林克

没有任何生物能抵挡利刺军团的愤怒。这时候千万别反击，因为愤怒会蔓延到邻近的蜂群，蜂群散发出的愤怒气息会把周围的所有蜂群都招来。唯一的自救办法就是迅速穿过灌木丛逃跑。蜜蜂不像黄蜂那样记仇和不依不饶，很少会对敌人穷追不舍。如果逃跑无望就保持绝对静止，这样能使蜜蜂平静下来，或者使其转换攻击目标。任何过于突然的动作都会引起蜜蜂的恐惧进而引发它们的攻击，但一旦停下来它们又会很快原谅你。

揭示蜜蜂攻击人的秘密，以及让蜜蜂停止攻击的方法。

贫瘠蜂箱里的蜜蜂活一天算一天，或者更确切地说，每天都在死亡，因为它们的储藏室里没有蜂蜜，所以烟雾对它们也就没有作用。它们不能像食物充足的蜂箱里的姐妹们那样开怀大吃，也不会把精力放在对未来家园重建的期许上。它们一心只想在被亵渎的家门口英勇战死，这些蜜蜂虽然干瘪消瘦，却也因此敏捷疯狂，会以前所未有的英勇气概和顽强毅力保卫自己的家园。因此，谨慎的养蜂人从不轻易移动没有蜜的蜂箱，除非事先让这群饥饿的复仇女神饱餐一顿。养蜂人会先给蜜蜂们摆上一块蜂蜜蛋糕。蜜蜂们闻香而至，然后，在烟雾的帮助下，蜜蜂们的肚子鼓了起来，陶醉在美食里——这样一来它们就和富裕蜂巢里的资产阶级蜜蜂一样，缴械投降了。

关于蜜蜂的愤怒和它们特有的好恶，还有很多可讲。蜜蜂反感的事物往往太过奇怪，以至于农民们长期以来一直将其归因于蜜蜂怀有高尚的道德和神秘而深刻的直觉，而且直到现在许多人也依然这样认为。我们与这些小精灵一同生活在这个令人费解的地球上，它们对人类无害的靠近表现得非常厌恶，令我们感到惊讶。蜜蜂才不会在乎这些事情。奇怪的是，蜜蜂一生都被包围在鲜花的浓香之中，但对于人类从鲜花中提取的香水味却十分憎恶。

这是否就是蜜蜂愤怒的来源呢？这是否也能解释蜜蜂复仇的传说呢？如果真是这样，这种传说也只是把人类情感强加到自然现象中。而我们应该做的恰恰相反，要尽可能少地把我们人类的心理与我们不容易理解的事物混为一谈。我们最好只在非个人层面上寻找答案，这些地方很有可能隐藏着仍待我们发现的决定性启示。

> 不只是蜜蜂，大自然还有很多奥秘，等待着我们去探索。多观察身边的事物，说不定，你也会有新的发现呢。

阅读小助手

梅特林克用科学散文这一独特的文学体裁，从蜜蜂的愤怒入手，向人们普及关于蜜蜂的知识，增加人们对蜜蜂的了解。同时，作者还把对人类世界的感悟融入其中，思考人类应该如何观察自然中的事物。